収益認識に関する
会計基準への
税務対応

# 奇跡の
# 通達
# 改正

公認会計士
**山本史枝** [著]

清文社

# はじめに


　専門書にあるまじき本のタイトル『奇跡の通達改正』は、法人税基本通達の改正が公表された５月30日に、私が抱いた最初の正直な感想をそのまま表している。もっと言えば、信じ難く、けれど大変感激したのである。

　通常は毎年６月に発せられることの多い主たる改正が５月に繰り上がって公表され、スピードもさることながら、その改正された基本通達の内容に驚きを禁じ得なかった。

　第一弾として、法人税法の所得の計算に係る改正として同法第22条の２が新設されたときは（３月31日）、法人税法における収益に関する定めを基本通達ではなく、法人税法本体に明文化し、単に法の整備を図ったのかと、それほどの驚きはなかった。しかし、その後に続いた基本通達の改正を読んで、それは法人税法第22条の２を基本に見事に体系化されていることの布石であると気づいた。流石である。

　収益を認識するということは、

　・収益の認識単位（何についての収益を計上するのか）

　・収益額の算定（いくらで収益を計上するのか）

　・収益の認識時点（いつ収益を計上するのか）

という三要素を確定することである。

　法人税法第22条の２及び収益に関する改正基本通達は、この三要素を軸に整然と体系化されている。

　そして、この体系はまぎれもなく新会計基準（「収益認識に関する会計基準」）の基本原則である**収益認識の単位、収益の額の算定、収益認識時点の決定**という三要素にピタリと対応しているのである。

　さらに基本通達の内容をよく見ると、何と新会計基準の規定にそって、双子のようによく似た規定が新設されている。

改正法人税法も改正基本通達も2018年4月1日に施行され、それ以後に終了する事業年度から適用される。会計の世界で、今までにないグローバルな会計基準が広く適用されるという事実に対し、法人税の対応もかつてないドラスティックと言っていいほどの変化を遂げたのではないか。法人税法と会計の整合により、新会計基準制定の当初、恐ろしい量の申告調整を想像していたが、それは杞憂に終わった。

　勿論、税法はすべての税負担者に対し公平でなければならないので、改正法において、新会計基準を適用しない中小企業等も考慮した規定は守られていることは言い添えておきたい。

＊　　　　　　　　　＊

　筆者は、新会計基準に関する書籍を公開草案公開の時から2冊上梓している。しかし基本通達の改正内容を見るや、どうしても新会計基準との関連性を執筆したい衝動を抑えられなかった。

　筆者の執筆希望を快く叶えてくれた株式会社清文社に感謝するとともに、すべてにわたりご苦労をおかけした編集部の東海林良氏に心から御礼申し上げます。


　2018年12月吉日


公認会計士　山本　史枝

奇跡の通達改正
収益認識に関する会計基準への税務対応

# CONTENTS

はじめに

# 第1章 新会計基準の体系と基本原則

## 第1節／新会計基準の適用　　4

1 **適用対象**　4
2 **適用範囲**　4
3 **適用時期**　6
　ア．強制適用　6
　イ．早期適用　6

## 第2節／収益認識の体系と基本原則　　7

1 **収益の額の測定と収益の計上時点**　7
2 **収益認識の5つのステップ**　8
3 **収益認識の単位**　11
　ア．契約の結合　11
　イ．契約変更　12
　ウ．履行義務の識別　12
　エ．別個の財又はサービス　13

オ．契約に含まれる他の約束と区分して識別できない場合　14

カ．履行義務の識別に対する代替的な取扱い　15

### 4　収益額算定の基本原則（取引価格の算定）　16

ア．取引価格　16

イ．変動対価　17

ウ．変動対価の見積り　18

エ．変動対価の見積りの制限　18

オ．顧客に支払われる対価　19

カ．履行義務への取引価格の配分　20

### 5　収益計上時点の基本原則　21

ア．履行義務の充足　21

イ．一定の期間にわたり収益を認識する三つの要件　23

ウ．履行義務の充足に係る進捗度　25

エ．一時点で充足される履行義務　26

## 第3節／特定の状況又は取引における取扱い　28

### 1　財又はサービスに対する保証　28

ア．保証型保証　28

イ．サービス型保証　28

### 2　本人と代理人の区分　29

ア．本人又は代理人の会計処理　29

イ．本人か代理人かの判定　30

ウ．財又はサービスを顧客に提供する前に支配しているという指標　31

エ．代理人の判定　31

### 3　追加の財又はサービスを取得するオプションの付与　33

ア．オプション付与に係る履行義務と収益の認識時点　33

イ．オプションに対する取引価格の配分　34

ウ．他社ポイントの付与　　35

4　顧客により行使されない権利（商品券等）　　36

5　返金が不要な取引開始日の顧客からの支払い（入会金等）　　37

6　ライセンスの供与　　38

ア．ライセンスの供与が財又はサービス移転と識別できない場合　　38

イ．ライセンス供与の性質判定と会計処理　　39

ウ．知的財産へのアクセス権利を提供　　40

エ．知的財産を使用する権利の提供　　41

オ．売上高又は使用量に基づくロイヤルティ　　41

7　買戻契約　　42

ア．先渡取引又はコール・オプションの会計処理　　43

イ．プット・オプションの会計処理　　45

8　委託販売契約　　46

9　請求済未出荷契約　　47

10　返品権付き販売　　48

# 第2章　収益認識に関する法人税法の改正

## 第1節／法人税法の改正　　53

1　法人税法における収益の定め　　53

2　法人税法第22条の2の新設と新会計基準の関係　　54

ア．収益の計上時期　　54

イ．収益の計上額　57

ウ．無償譲渡　59

エ．収益の額の変動　59

3　長期割賦販売の延払基準の廃止　62

4　返品調整引当金制度の廃止　63

## 第2節／法人税基本通達の改正　64

1　基本通達の改正方針　64

2　基本通達の主要改正項目　65

3　新会計基準と改正基本通達との対応関係　69

4　改正基本通達の体系及び新旧対応　73

## 第3節／消費税の取扱い　79

1　収益計上単位　79

2　収益の計上時期　81

# 第3章　新会計基準に対応する改正基本通達

## 第1節／改正基本通達の読み方　87

## 第2節／履行義務　89

ア．履行義務の定義（新会計基準／税法の対応）　89

イ．履行義務の識別（新会計基準／税法の対応）　90

ウ．履行義務の充足（新会計基準／税法の対応）　91

## 第3節／収益の計上の単位　93

1　**通則**　93

〈新会計基準〉　93

〈税法の対応〉　94

2　**工事契約及び受注制作のソフトウェアの収益認識の単位**　95

〈新会計基準〉　95

〈税法の対応〉　95

3　**機械設備等の販売に伴い据付工事を行った場合の収益の計上の単位**　97

〈新会計基準〉　97

〈税法の対応〉　98

4　**資産の販売等に伴い保証を行った場合の収益の計上単位**　99

〈新会計基準〉　99

ア．保証型保証　99

イ．サービス型保証　99

〈税法の対応〉　99

5　**部分完成の事実がある場合の収益計上の単位**　100

6　**技術役務の提供に係る収益の計上単位**　102

7　**ノウハウの頭金等の収益の計上単位**　103

8　**ポイント等を付与した場合の収益の計上単位**　103

〈新会計基準〉　103

〈税法の対応〉　105

9　**資産の販売等に係る収益の額に含めないことができる利息相当部分**　108

〈新会計基準〉　108

〈税法の対応〉　110

---

## 第4節／収益の額　113

1　**新会計基準の収益の額と法人税法の収益の額の相違**　113

2　**資産の引渡しの時の価額等の通則**　114

〈新会計基準〉　114

〈税法の対応〉　116

3　**変動対価**　117

〈新会計基準〉　117

ア．変動対価の見積り　118

イ．変動対価の見積りの制限　118

〈税法の対応〉　119

4　**収益の額の具体的取扱い**　124

〈税法の対応〉　124

ア．基本通達2-1-1の12⇨売上割戻しの計上時期　124

イ．基本通達2-1-1の13⇨一定期間支払わない売上割戻しの計上時期　124

ウ．基本通達2-1-1の15⇨値増金の益金算入の時期　125

5　**相手方に支払われる対価**　126

〈新会計基準〉　126

〈税法の対応〉　127

6　**返品権付き販売**　128

〈新会計基準〉　128

〈税法の対応〉　130

---

## 第5節／収益計上の時期　133

1　**棚卸資産の販売に係る収益の計上の時期**　133

〈新会計基準〉　133

〈税法の対応〉　135

2 委託販売に係る収益の計上時期　136

〈新会計基準〉　136

〈税法の対応〉　137

3 検針日による収益の計上時期　138

〈新会計基準〉　138

〈税法の対応〉　139

4 固定資産の譲渡に係る収益の計上時期　140

〈新会計基準〉　140

〈税法の対応〉　141

ア．固定資産の譲渡に係る収益の帰属の時期　141

イ．農地の譲渡に係る収益の帰属の時期の特例　141

5 役務の提供に係る収益の計上時期　142

〈新会計基準〉　142

〈税法の対応〉　145

ア．履行義務が一定期間にわたり充足されるものに係る収益の
　　帰属の時期　145

イ．履行義務が一時点で充足されるものに係る収益の帰属の
　　時期　145

ウ．履行義務が一定の期間にわたり充足されるもの　146

6 履行義務が一定の期間にわたり充足されるものに係る
　収益の額の算定　147

〈新会計基準〉　147

ア．収益の算定の原則　147

イ．原価回収基準による収益の額の算定　147

ウ．進捗度の見積り　148

〈税法の対応〉　151

ア．収益の額の算定（基本通達 2 - 1 -21の 5 ）　151

イ．履行義務の充足に係る進捗度（基本通達2-1-21の 6 ）　152

7 役務の提供に係る収益の計上時期の具体的な取扱い　154

〈新会計基準〉　154

〈税法の対応〉　157

ア．長期大規模工事　157

イ．請負による収益　162

ウ．不動産取引　164

エ．技術役務の提供　164

オ．運送業の収益　165

カ．賃貸借契約　167

8 知的財産のライセンスの供与に係る収益の計上時期　168

〈新会計基準〉　168

ア．ライセンスの供与が財又はサービス移転と識別できない場合　168

イ．ライセンス供与の企業の約束の性質判定と会計処理　169

ウ．知的財産へのアクセス権利を提供（一定期間にわたり充足する
履行義務）　170

エ．知的財産を使用する権利を提供（一時点で充足される履行義務）　171

〈税法の対応〉　171

ア．知的財産のライセンスの供与に係る収益の計上時期の原則　171

イ．工業所有権等に係る収益の計上時期　172

ウ．ノウハウの頭金等の帰属の時期　174

9 売上高等に基づく知的財産のライセンスの使用料の収益計上時期　175

〈新会計基準〉　175

〈税法の対応〉　176

10 商品引換券等の発行に係る収益の計上時期及び非行使部分に係る
収益の計上時期　178

〈新会計基準〉　178

〈税法の対応〉　181

11 **自己発行ポイント等の付与に係る収益の計上時期**　186

　〈新会計基準〉　187

　〈税法の対応〉　189

　ア．自己発行ポイント等発行の取扱い　189

　イ．自己発行ポイント等の付与に係る収益の帰属の時期　194

12 **返金不要の顧客からの支払いの収益の計上時期**　197

　〈新会計基準〉　197

　〈税法の対応〉　199

---

## 第6節　その他の実務上の対応　201

〔凡　　例〕

・企業会計基準第29号「収益認識に関する会計基準」
　本文中：新会計基準／（　）内引用：基準 XX 項
・企業会計基準適用指針第30号「収益認識に関する会計基準の適用指針」
　本文中：適用指針30号／（　）内引用：指針 XX 項
・法人税法
　本文中：法人税法第22条の 2 第 1 項／（　）内引用：法法22の 2 ①
・法人税法施行令
　本文中：法人税法施行令第18条の 2 第 1 項／（　）内引用：法令18の 2 ①
・法人税基本通達（2018年 5 月30日公表）
　本文中：基本通達／（　）内引用：基通 XXXX
・消費税法基本通達
　本文中：消費税法基本通達／（　）内引用：消基通 XXXX
・国税庁ホームページ「『収益認識に関する会計基準』への対応について」
　（2018年 5 月）


〔参考文献・資料〕

・法人税法、法人税基本通達、その他の法令
・国税庁ホームページ資料
・企業会計基準第29号、企業会計基準適用指針第30号
・『例解　新収益認識基準の会計・税務』（山本史枝著、㈱清文社2018年 8 月）


＊なお、本文中のアンダーラインは筆者による。
（本書の内容は平成30年12月 1 日現在の法令等によっています。）

# 第1章

## 新会計基準の
## 体系と基本原則

第1章では、「収益認識に関する会計基準」（企業会計基準第29号、2018年3月30日、企業会計基準委員会─以下、新会計基準と称す）についての基本的な事項の概要を説明する。改正法人税法等との関連を理解するための前提として、新会計基準の骨格を明確にしておきたい。

収益認識基準に関する会計基準（企業会計基準第29号）が2018年3月30日に公表され、2021年4月1日以後開始する事業年度から強制適用される。しかし、公表直後の2018年4月1日以後開始する事業年度から早期適用することができる。また、既にIFRS（国際財務報告会計基準）に基づいて会計処理をしている企業もある。このような会計側のグローバル化の状況に応じて、企業の税務環境（主として法人税）は何ら変化を求められないのか？

従来の「企業会計原則」に準拠した会計処理においてさえ、会計と税の乖離はかなりの部分で見られた。今回、企業が準拠することになる新会計基準は収益認識に関する包括的な基準ということで、従来の会計基準とはがらりと様相を変えて登場してきた。企業の会計処理も大きく変わらざるを得ない。この新会計基準と従来の税務基準の間には、深くて大きな溝が横たわっていた。会計の実務家、特に税務申告をする責任者は、税務と会計の調整の底知れない深さを想像して暗澹たる思いを持ったことであろう。

ここに「奇跡」が起きた。電撃的な素早さで、法人税法が改正され、関連する同法基本通達の改正、しかもその改正は多くの基本通達の新設という形で実現した。しかも、早期適用する企業に合わせ、2018年4月1日施行の改正である。新設された基本通達の内容は、ほぼ新会計基準の内容と同じである。勿論、公平性・確実性という税の独自ルールを残し、新会計基準を適用しない中小企業等にも対応している。

この早期の税務の対応により、会計と税務は従来よりむしろ緊密になり、深くて大きな溝の調整は杞憂に終わった。

本著では、このような改正後の状況下で、企業が直面する新しい会計処理とそれらに対する法人税の取扱いを見ていきたい。

第 1 節

# 新会計基準の適用

## 1 適用対象

　新会計基準及び「収益認識に関する会計基準の適用指針」（企業会計基準適用指針第30号、以下、適用指針30号と称す）が適用される財務諸表は以下のようである。

① 　連結財務諸表及び個別財務諸表の両方が対象。基本的に連結・個別に同一の会計処理が適用される。

② 　日本基準を適用している企業の連結財務諸表及び個別財務諸表が対象。

③ 　IFRS 又は米国会計基準で連結財務諸表を作成している企業の個別財務諸表が対象。

　中小企業においては、「中小企業の会計に関する指針」、「中小企業の会計に関する基本要領」が用いられるが、新会計基準を適用することもできる。

## 2 適用範囲

　顧客との契約から生じる収益に関する会計処理及び開示において、新会計基準は原則すべての業種に適用されるが、しかし以下の取引には適用されない（基準 3 項）。

① 企業会計基準第10号「金融商品に関する会計基準」の範囲に含まれる金融商品に係る取引

　顧客との契約から生じる収益のうち、金融商品会計基準に含まれる利息、金融商品の消滅の認識時に発生する利益（有価証券売却益）等の金融商品に係る取引は適用範囲には含めない（基準103項）。

② 企業会計基準第13号「リース取引に関する会計基準」の範囲に含まれるリース取引（貸手の処理）

③ 保険法における定義を満たす保険契約

④ 顧客又は潜在的な顧客への販売を容易にするために行われる同業他社との商品又は製品の交換取引

　例えば、企業Ａと企業Ｂとの間で、企業Ｂの至近に所在する企業Ａの顧客に対し、企業Ｂから商品を供給してもらい、逆に企業Ａの至近に所在する企業Ｂの顧客に対して企業Ａから供給してもらう取引は、企業Ａと企業Ｂとの間の交換取引になる。

　同業他社との棚卸資産の交換について収益を認識し、その後で再び最終顧客に対する棚卸資産の販売について収益を認識すると、収益及び費用を二重に計上することになり、適切ではないと考えられる。

⑤ 金融商品の組成又は取得に対して受け取る手数料

⑥ 不動産流動化実務指針（日本公認会計士協会会計制度委員会報告第15号「特別目的会社を活用した不動産の流動化に係る譲渡人の会計処理に関する実務指針」）の対象となる不動産（不動産信託受益権を含む）の譲渡

　企業の通常の営業活動により生じたアウトプットの固定資産の収益認識については適用されるが、それ以外の固定資産の売却（企業が使用目的で有している固定資産、投資目的で保有している固定資産等）は適用範囲に含められていない（基準108項）。

顧客との契約の一部が上記①〜⑥に該当する場合は、それらを除いた額

の取引価格について新会計基準を適用する。

## 3 適用時期

**ア．強制適用**

2021年4月1日以後開始する連結会計年度及び事業年度の期首から適用する（基準81項）。

**イ．早期適用**

2018年4月1日以後開始する連結会計年度及び事業年度の期首から適用することができる（基準82項）。

さらに、新会計基準の公開日2018年3月30日及び12月末を決算期末とする企業のニーズを勘案し、2018年12月31日に終了する連結会計年度及び事業年度から2019年度3月30日に終了する連結会計年度及び事業年度までにおける年度末に係る連結財務諸表及び個別財務諸表から適用することができるとされている（基準83項）。

【図表－1】 適用時期

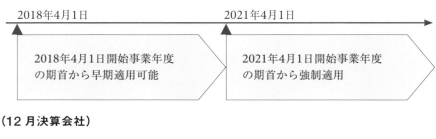

## 第 2 節 収益認識の体系と基本原則

## 1 収益の額の測定と収益の計上時点

収益の計上は、会計においても税法においても、そして古今東西「計上すべき金額」と「計上する時点」の二大要件が必要である。

すなわち、「収益の認識」とは取引価格の算定と計上する時点の認識である。

会計においては収益の計上として、税務においては益金の算入として規定されているが、いずれも金額の算定と計上時点（帰属の時期）の両者について定められている。

*　　　　　　　　　　*

新会計基準においては、この二大要件は**「取引価格の算定」**及び**「履行義務の充足」**と表現されている。

新会計基準においては、収益認識に至るまでの手順を5つのステップに分けて説明しているが、それらは、従来は暗黙の了解や当然の前提条件として存在していたものを、丁寧に明文化されたと考えられる。

新会計基準が、従来の会計基準と異なる主な点は以下のようである。

① 収益を認識する単位は「履行義務」である。

顧客との取引ごとに収益を認識するのではなく、取引に含まれている履行義務の数（又は種類）を識別して、履行義務別に収益を認識する。

② したがって、履行義務別に取引価格は算定しなければならない。

③　収益認識時点は実現主義ではなく、履行義務の充足時点である。

　　履行義務は、企業が約束した財又はサービスを顧客に移転することにより充足される。

# ② 収益認識の5つのステップ

　新会計基準においては5つのステップを適用して、収益が認識される（基準17項）。

　収益計上までのステップを5つに分けているが、ステップを上るのに時間的な経過はない。取引により生じる収益を認識する判断は、5つのステップを同時に踏むことで一つの行為として行われる。思考の中で、5つのチェックポイントをあたかもステップを踏むように、確認していくのである。これが新しい基準の特徴である。

　新会計基準の原則に従って収益を認識するためには、次の5つのステップを適用しなければならない（**【図表－2】**参照）。

①　顧客との契約を識別する。

　　新会計基準の定めは、顧客と合意し、かつ、所定の要件を満たす契約に適用する。

②　契約における履行義務を識別する。

　　契約において顧客への移転を約束した財又はサービスが、所定の要件を満たす場合には別個のものであるとして、当該約束を履行義務として区分して識別する。

③　取引価格を算定する。

　　変動対価又は現金以外の対価を考慮し、金利相当分の影響及び顧客に支払われる対価について調整を行い、取引価格を算定する。

④　契約における履行義務に取引価格を配分する。

　　契約において約束した別個の財又はサービスのそれぞれの独立販売

第 1 章
新会計基準の体系と基本原則

## 【図表－2】　収益の認識ステップ

| ステップ1 | 収益認識の単位を決定 | 顧客との契約を特定する |
|---|---|---|
| ステップ2 | | 契約における履行義務を識別する |
| ステップ3 | 収益の額を算定 | 取引価格を決定する |
| ステップ4 | | 契約における各履行義務に取引価格を配分する |
| ステップ5 | 収益認識時点の決定 | 各履行義務の充足時に収益を認識する<br>・一定の期間にわたり充足される履行義務<br>・一時点で充足される履行義務 |

　　価格の比率に基づき、それぞれの履行義務に取引価格を配分する。独立販売価格を直接観察できない場合には、独立販売価格を見積もる。

⑤　履行義務を充足した時又は充足するにつれて収益を認識する。

　　約束した財又はサービスを顧客に移転することによって履行義務を充足した時に又は充足するにつれて、充足した履行義務に配分された額で収益を認識する。履行義務は所定の要件を満たす場合には一定の期間にわたり充足され、所定の要件を満たさない場合は一時点で充足される。

　次の取引事例を各ステップに当てはめた【図表－3】を参照して理解を深めていただきたい（適用指針【設例1】）。

【図表－3】 5つのステップの適用例

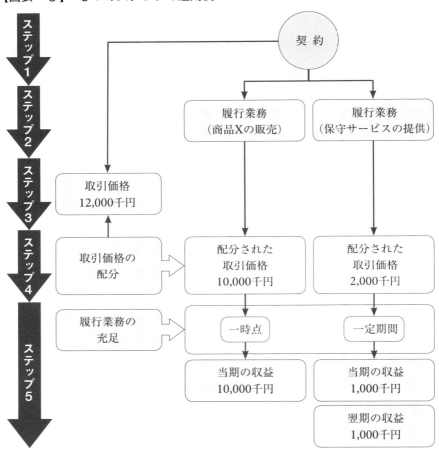

## 【取引例】

　企業は、当期首において標準的なX商品の販売と2年間の保守サービスの提供を一体で顧客と契約した。当期首にX商品を顧客に引き渡し、当期首から翌期末までに保守サービスを行う。

　契約書に記載された対価の額は12,000千円である。

第1章
新会計基準の体系と基本原則

# ③ 収益認識の単位

## ア．契約の結合

同一の顧客又は顧客の関連当事者と同時又はほぼ同時に締結した複数の契約について、次のいずれかに該当する場合には、契約を結合し単一の契約とみなして会計処理する（基準27項）。

① 複数の契約が同一の商業的目的を有するものとして交渉されたこと

② 1つの契約において支払われる対価の額が、他の契約の価格又は履行により影響を受けること

③ 複数の契約において約束した財又はサービスが単一の履行義務となること

例えば、A社が顧客と「システム開発の設計契約」と「システム開発テスト契約」をほぼ同時に契約した場合、両者の契約は結合できる。

契約の結合の上記の原則的な取扱いに対し、代替的な取扱いが認められている。

### ➡個々の契約を収益認識単位とする

契約の結合要件を満たしていても、次の要件のいずれも満たしている場合は契約を結合しないで、個々の契約を収益認識単位とする（指針101項）。

① 個々の契約が当事者間で合意された取引の実態を反映する実質的な取引の単位であると認められること

② 個々の契約における財又はサービスの金額が合理的に定められていることにより、当該金額が独立販売価格と著しく異ならないと認められること

### ➡工事契約及び受注制作のソフトウェアの収益認識単位

異なる顧客と締結した複数の契約を結合した時と、契約の結合の原則的な取扱いに基づく時の収益認識時期及び金額との差異に重要性が乏しいと認められる場合は、複数の契約を結合し、単一の履行義務として識別する

ことができる（指針102項及び103項）。


イ．契約変更

　契約の変更は、契約当事者によって承認された契約の範囲又は契約金額（あるいはその両方）の変更である。契約変更の承認は、文書、口頭、企業の商慣習によるものでもよいと考えられる。

　契約変更を当事者が承認していない場合は、契約変更が承認されるまで、既存の契約のまま会計処理をする（基準28項）。

　契約の当事者が契約の範囲の変更を承認したが、それに対応する価格の変更をまだ決定していない場合は、企業は、契約変更から生じる取引価格の変更の見積りを行わなければならない（基準29項）。

　契約変更の原則的な会計処理は、契約変更の要件に応じて４つの方式がある（基準30項及び31項）。４つの方式を要件別にまとめたのが【図表－４】である。各処理方法の詳しい解説は『例解　新収益認識基準の会計・税務』（清文社）を参照していただきたい。

　ただし、重要性が乏しい契約変更は【図表－４】の①②③のいずれの方法も適用することができる（指針92項）。


ウ．履行義務の識別

　「履行義務」とは、顧客との契約において、次のいずれかを顧客に移転する約束である（基準７項）。

　①　別個の財又はサービス（あるいは別個の財又はサービスの束）

　②　一連の別個の財又はサービス（特性が同じであり、顧客への移転のパターンが同じである複数の財又はサービス、例えば、清掃サービス等）


　履行義務は収益認識の単位である。履行義務別に収益は認識される。

　「履行義務の識別」とは、顧客との契約の中にいくつの履行義務が約束

【図表－4】 契約変更の会計処理

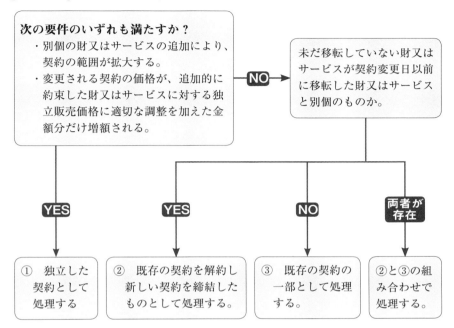

されているかを判断することである。契約における取引開始日に、顧客に別個の財又はサービスを移転する約束のそれぞれについて履行義務として識別する（基準32項）。

履行義務ごとに取引価格が算定されなければならない(【図表－3】参照)。

### エ．別個の財又はサービス

**収益の認識は、契約ごとに行われるわけではない。**

**契約の中の履行義務を識別し、履行義務ごとに収益は認識される。**

したがって、**契約により約束した財又はサービスがいくつ識別できるか、すなわち履行義務がいくつ識別できるかが新会計基準の肝といってもいい部分なのである。**

約束した財又はサービスが、以下の要件のいずれも満たす場合は、別個

の履行義務であるとされている（基準34項）。

① 顧客がその財又はサービスからの便益を、それ単独で得ることができること、あるいは、当該財又はサービスと顧客が容易に利用可能な他の資源と組み合わせて顧客が便益を享受することができること

例えば、ソフトウェア・ライセンスとソフトウェアのアップデート・サービスは、それぞれ独立した別個の財又はサービスである。

② 当該財又はサービスを顧客に移転する約束が、契約に含まれる他の約束と区分して識別可能であること

当該約束の性質が、契約において、当該財又はサービスのそれぞれを個々に移転するものか、あるいは、当該財又はサービスをインプットとして使用した結果生じる結合後のアウトプットを移転するものかを判断する。例えば、建設工事において、建屋の内の配線工事契約は建物というアウトプットのためのインプットであるので、別個の契約ではあっても、顧客に対して、別個の履行義務ではない。

## オ．契約に含まれる他の約束と区分して識別できない場合

財又はサービスを顧客に移転する複数の約束が区分して識別できないことを示す要因には、例えば、次の①から③がある。

① 当該財又はサービスをインプットとして使用し、契約において約束している他の財又はサービスとともに、顧客が契約した結合後のアウトプットである財又はサービスの束に統合する重要なサービスを提供していること

② 当該財又はサービスの1つ又は複数が、契約において約束している他の財又はサービスの1つ又は複数を著しく修正する又は顧客仕様のものとするか、あるいは他の財又はサービスによって著しく修正される又は顧客仕様のものにされること

③ 当該財又はサービスの相互依存性又は相互関連性が高く、当該財又

はサービスのそれぞれが、契約において約束している他の財又はサービスの1つ又は複数により著しく影響を受けること

　例えば、ソフトウェア・ライセンスを移転するとともに、ソフトウェアを顧客仕様のものに修正し、大幅な新機能の追加を伴うインストール・サービスを提供する契約は、ソフトウェア・ライセンスとインストール・サービスは区分して識別できない。

　また、特殊仕様の装置の製造の契約において、全体的な管理責任、材料の調達、外注業者の選定と管理、製造、組立及び試験運転等の活動の実施、それらの統合が含まれるが、様々な財又はサービスは装置の製造というアウトプットのためのインプットと考えられる。特殊仕様の装置のため、製造に要する財又はサービスのうち一つが変化すると、他の財又はサービスにも重要な影響を及ぼす。すなわち、それぞれは相互依存性及び相互関連性が非常に高い。したがって、各財又はサービスは他の約束と区分して識別できない。

## カ．履行義務の識別に対する代替的な取扱い

　顧客との契約の観点で重要性が乏しい財又はサービスは、履行義務を識別しないことができる（指針93項）。例えば、製品を販売する際に、必要時に製品の使い方を電話サービスするという約束は別個の履行義務としなくてもよい。

　出荷及び配送活動に関する会計処理について、顧客が商品又は製品に対する支配を獲得した後に行う出荷及び配送活動は、原則として商業又は製品の移転とは別の履行義務として識別される（指針167項）。

　代替的な取扱いとして、出荷及び配送活動は、商品又は製品を移転する約束を履行するための活動として処理し、履行義務として識別しないことができる（指針94項）。

# ④ 収益額算定の基本原則（取引価格の算定）

### ア．取引価格

　収益を認識するための二大要件の一つは収益の額を算定することである。識別された履行義務ごとに取引価格を算定しなければならない。

　「取引価格」とは、財又はサービスの顧客への移転と交換に企業が権利を得ると見込む対価の額をいう（ただし、第三者のために回収する額を除く）。取引価格の算定に当たっては、契約条件や取引慣行等を考慮する（基準47項）。

　取引価格を算定する際には、変動対価、契約における重要な金融要素、現金以外の対価、顧客に支払われる対価のすべての影響を考慮する（基準48項）。

　取引価格に含めてはいけないものは、①第三者のために回収する金額、②重要な金融要素、③変動対価の見積り時に、確定時に著しい減額が見込まれる確率が高い金額である。

① 「第三者のために回収する額」とは、例えば、消費税のように、徴税義務者である企業が、税負担者である顧客から行政機関（第三者）のために商品の代価とともに預かる金額である。

② 「重要な金融要素」とは、契約の当事者が合意した（明示又は黙示）支払時期により、財又はサービスの顧客への移転に係る信用供与についての重要な便益が顧客又は企業に提供される場合に含まれる（基準56項）。

　　重要な金融要素を含むか否かの判断には、ⅰ）約束した対価と現金販売価格との差額、ⅱ）財又はサービスの移転時と支払時点との期間の長さ及び関連する市場金利の金融要素を考慮しなければならない（指針27項）。

　　重要な金融要素を含んでいる場合は、取引価格の算定に当たり、対

**【図表－5】 変動対価**

| 顧客と約束した対価 | | |
|---|---|---|
| | 変動対価 | |
| 金額が固定されている対価 | 計上された収益の著しい減額が発生しない可能性が高い部分 | 左記以外の部分 |
| 取引価格 | | |

　価の額に含まれる金利相当分を調整し、財又はサービスに対して顧客が支払うと見込まれる現金販売価格を反映する金額で収益を認識する（基準57項）。金融要素が重要かどうかの判断は、契約単位で行う（指針128項）。

　　約束した財又はサービスを顧客に移転する時点と顧客が支払う時点の間が1年以内であると見込まれる場合は、重要な金融要素の影響を考慮せずに対価の額を算定できる（基準58項）。

③　変動対価の取引価格に算入してはいけない金額については、後述する「エ．変動対価の見積りの制限」で述べる。

## イ．変動対価

　契約において約束された対価（取引価格）のうち変動する可能性がある部分を「変動対価」という。変動性のある金額を含んでいる場合には、企業は対価の金額を見積もる（基準50項）（**【図表－5】**参照）。

　対価の変動は、値引き、リベート、返金、クレジット、価格譲歩、インセンティブ、業績ボーナス、ペナルティ等によって生じる。対価の金額は、製品が返品権付きで販売されたような将来の発生事象も条件として変動する可能性がある。

### ウ．変動対価の見積り

企業は、変動対価を、①期待値、②最も可能性の高い金額（最頻値）のいずれかのうち、対価の額をより適切に予測できる方法を用いて見積もらなければならない（基準51項、140項）。

① 「期待値」とは、考え得る対価の金額の範囲における確率で加重平均した金額の合計額である。企業が特徴の類似した多数の契約を有している場合に適切な見積方法である。

② 「最頻値」とは、考え得る対価の金額の範囲における単一の最も可能性の高い金額である。契約で生じる結果が2つしかない場合（例：業績ボーナスを達成するか否か）には適切な見積方法になる。

変動対価に関する不確実性の影響を見積もるに当たっては、契約全体を通じて単一の方法を首尾一貫して適用する。企業が合理的に入手できるすべての情報を考慮し、発生し得ると考えられる対価の額について合理的な数のシナリオを識別する（基準52項）。入手する情報は、入札や提案等の過程及び財又はサービスの価格設定において経営者が使用する情報と同じである（基準141項）。

返品権付きの販売のように、顧客から受け取った対価の一部又は全部を返金すると見込む場合、受け取った又は受け取る対価のうち、企業が権利を得ると見込まない額について、返金負債を認識する。返金負債の額は、各決算日に見直す（基準53項）。

変動対価の見積りは、各決算日において見直されなければならない（基準55項）。

### エ．変動対価の見積りの制限

変動対価に関する不確実性がその後解消した時に、解消される時点までに計上された収益の著しい減額が発生しない可能性が高い部分に限り取引

価格に含める（基準54項）（【図表－5】参照）。

「可能性が高い」とは、50％以上よりも著しく高い状況を示している（IFRS第15号における"highly probable"と同程度の可能性を示している）。

単一の履行義務に固定対価と変動対価の両方が含まれている場合、収益の減額の程度が著しいかどうかの判断は、変動対価において生じ得る減額を、固定対価及び変動対価の合計額と比較して行う（指針126項）。

収益が減額される確率と減額の程度を増大させる要因は、次のような事項である（指針25項）。

①　企業の影響力の及ばない要因（市場の変動性、気象状況、第三者の判断若しくは行動、財又はサービス自体が高い陳腐化リスクがある等）の影響を非常に受けやすいこと

②　不確実性が長期間にわたり解消しないと見込まれること

③　類似した種類の契約について企業の経験が浅いこと

④　類似の状況における同様の契約において、幅広く価格を引き下げる慣行又は支払条件を変更する慣行があること

⑤　発生し得ると考えられる対価の額が多く存在し、かつ、その考えられる金額の幅が広いこと


**オ．顧客に支払われる対価**

顧客に対するキャッシュバックや値引き等は、取引価格から減額する（基準63項）。

企業が支払う相手には、顧客から企業の財又はサービスを購入する他の当事者も含まれている。例えば、製造業である企業が販売代理店に支払うリベート、販売代理店が顧客である消費者へ支払うリベートを企業が一定割合で負担する場合が想定される。

顧客に支払われる対価が顧客から受領する別個の財又はサービスと交換に支払われるものである場合は、仕入先からの購入と同様の処理をする。

ただし、顧客に支払われる対価が当該財又はサービスの時価を超えるときは、超過額を取引価格から減額する（指針30項）。

顧客に支払われる対価を取引価格から減額する場合は、次のいずれか遅い方が発生した時点で収益を減額する（基準64項）。

① 関連する財又はサービスの移転に対する収益を認識する時
② 企業が対価を支払うか又は支払いを約束する時

## カ．履行義務への取引価格の配分

契約の取引価格は、取引開始日の独立販売価格の比率に基づき、契約において識別したそれぞれの履行義務に配分する（基準66項及び68項）。

「独立販売価格」とは、企業が財又はサービスを独立に顧客に販売する価格である。独立販売価格として最善のものは、企業が当該財又はサービスを同様の状況において、同様の顧客に独立に販売する場合の観察可能な価格（市場価格等）である（基準146項）。

財又はサービスの独立販売価格を直接観察できない場合には独立販売価格を見積もらなければならない。見積もる際には、企業が利用可能なすべての情報（市場の状況、企業固有の要因、顧客又は顧客の階層に関する情報を含む）を考慮する（基準69項）。

独立販売価格の見積方法には、例えば次のようなものがある（指針31項）。

① **調整した市場評価アプローチ**

当該財又はサービスを販売する市場で、顧客が支払うと見込まれる価格を見積もる方法。類似した財又はサービスについての企業の競争相手からの価格を参照して、企業のコストとマージンを反映するように価格を調整する。

② **予想コストにマージンを加算するアプローチ**

履行義務を充足するために発生するコストを見積もり、当該財又はサービスの適切な利益相当額を加算する方法。

### ③ 残余アプローチ

契約における取引価格の総額から契約で約束した他の財又はサービスの観察可能な独立販売価格の合計を控除した額を参照して見積もる方法。ただし、残余アプローチを使用することができるのは、

　ⅰ）企業が当該財及びサービスを異なる顧客に広い範囲の金額で販売していること（すなわち、典型的な独立販売価格が過去の取引又は他の観察可能な証拠から識別できないため、販売価格が大きく変動する）

　ⅱ）当該財及びサービスの価格を未だ設定しておらず、当該財及びサービスがこれまで独立して販売されたこと

がない場合である。

要するに、販売価格の変動性が高い場合や販売価格が不確定の場合にこのアプローチをとらざるを得ない。

財又はサービスが重要性が乏しいと認められる場合は、独立販売価格の見積方法として、残余アプローチを使用することができる（指針100項）。

## 5 収益計上時点の基本原則

収益を認識するための二大要件の他の一つである収益の認識時点についての基本原則は、「履行義務の充足」である。

### ア．履行義務の充足

企業は約束した財又はサービスを顧客に移転することによって履行義務を充足した時又は充足するにつれて、収益を認識する。資産が移転するのは、顧客が当該資産に対する支配を獲得した時、又は獲得するにつれてである（基準35項）。

「資産に対する支配」とは、当該資産の使用を指図し、当該資産からの残りの便益のほとんどすべてを享受する能力をいう（基準37項）。これは、他の者が資産の使用を指図して資産から便益を享受することを妨げる能力

21

【図表－６】　収益認識〈履行義務充足〉のパターン

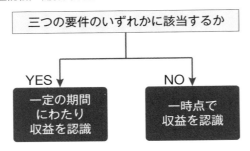

も含まれる。

　資産に対する支配が顧客に移転しているかどうかを判断するに当たっては、当該資産を買い戻す契約が存在するか否か及びその契約条件を考慮する（指針８項）。

　「**資産の便益**」とは、次のような多くの方法で直接又は間接に獲得できる潜在的なキャッシュ・フロー（インフロー又はアウトフローの節減）である（基準133項）。

　①　財の製造又はサービスの提供のため資産を使用
　②　他の資産の価値を増大させるための資産の使用
　③　負債の決済又は費用の低減のための資産の使用
　④　資産の売却又は交換
　⑤　借入金の担保とするため資産の担保差し入れ
　⑥　資産の保有

　企業は、履行義務を一定の期間にわたり充足するのか、それとも一時点で充足するのかを決定しなければならない（基準36項）。

　以下の三つの要件のいずれかを満たすか否かで決定される（【図表－６】参照）。

　①　契約における義務を履行するにつれて、顧客が便益を享受すること

② 契約における義務を履行することにより、資産が生じる又は資産の価値が増加し、それについて顧客が当該資産を支配すること

③ 第三の要件（後述）

## イ．一定の期間にわたり収益を認識する三つの要件

① 企業が顧客との契約における履行義務を履行するにつれて、顧客が便益を享受すること（例えば、清掃サービス契約や輸送サービス契約等日常的、反復的なサービスがある）

仮に、他の企業が替わって顧客に対する残存履行義務を充足する場合に、企業が現在までに完了した作業を大幅にやり直す必要がないときは義務を履行するにつれて顧客が便益を享受すると考える（指針9項）。この場合には、企業の残存履行義務を他の企業に移転することを妨げる契約上の制限又は実務上の制約が存在しないことが必要である。

② 企業が顧客との契約における義務を履行することにより、資産が生じる又は資産の価値が増加し、それにつれて顧客が当該資産を支配すること（例えば、顧客が所有する土地で行われる建物建築工事契約の場合は、顧客は企業の履行から生じる仕掛品を支配する）

③ 第三の要件は、次の要件を<u>いずれも</u>満たすこと

ⅰ）企業が創出した資産は、他に転用できないものであること

「資産を別の用途に転用できない場合」とは、別の用途に容易に使用することが契約上制限されている場合、あるいは完成した資産を別の用途に容易に使用することが実務上制約されている場合である（指針10項）。

「実務上制約されている場合」とは、当該資産を別の用途に使用するために重要な経済的損失（手を加えるためのコスト、大きな損失を伴う売却等）が生じる場合である。例えば、顧客仕様の資産又は

遠隔地にある資産を別の用途に使用する等である（指針117項、118項）。

　また、製品の基本設計は汎用的であるものの、大幅に顧客仕様のものとなる最終製品を製造する契約においては、最終製品を別の用途に転用するに当たって、大幅な手直しが必要となる（指針120項）。

ⅱ）企業が履行済み部分に対する対価を収受する強制力のある権利を有していること（例えば、コンサルティング・サービス）

　「履行した部分に対する対価を収受する権利」とは、企業が履行しなかったこと以外の理由で契約が解約される際に、少なくとも完了した部分についての補償を受ける権利をいう。権利の有無の判定は、契約条件及び当該契約に関連する法律を考慮して行う（指針11項）。当該権利について契約上明記されていない場合であっても、法令や判例等により確認されるかどうか、法的拘束力の有無、企業の取引慣行等を考慮して判断する（指針13項）。完了した部分についての補償額は、合理的な利益相当額を含む現在までに移転した財又はサービスの販売価格相当額である（指針12項）。


　また、一定の期間にわたり収益を認識する会計処理に代替的な取扱いが認められている。

**➡期間がごく短い工事契約及び受注制作のソフトウェア**

　契約における取引開始日から完全に履行義務を充足すると見込まれるまでの期間がごく短い場合には、完全に履行義務を充足した時点で収益を認識することができる（指針95項及び96項）。

**➡船舶による運送サービス**

　複数の顧客の貨物を積載する船舶の一航海を単一の履行義務としたうえで、発港地を出発してから帰港地に到着するまでの期間にわたり収益を認識することができる（指針97項）。

### ウ．履行義務の充足に係る進捗度

　一定の期間にわたり充足される履行義務については、履行義務の充足に係る進捗度を見積もり、進捗度に基づき一定期間にわたり収益を認識する（基準41項）。

　履行義務のそれぞれについて、単一の方法で進捗度を見積もり、その方法は類似の履行義務及び類似の状況に首尾一貫して適用しなければならない（基準42項）。

　進捗度を測定するための信頼性ある情報が不足している場合は、合理的な進捗度を測定できない。合理的に見積もることができる場合のみ、一定の期間にわたり充足される履行義務について収益を認識する（基準44項）。

　進捗度を合理的に測定できないが、履行義務を充足するためのコストを回収できると見込んでいる場合は、合理的に見積もることができる時まで、一定期間にわたり充足される履行義務について原価回収基準により処理する（回収することができると見込まれる費用の額で収益を認識する）（基準45項）。

　代替的な取扱いとして、契約の初期段階において、原価回収基準を適用せず、収益を認識しないことができる（指針99項）。

＊　　　　　　　　　　＊

　進捗度を見積もる方法には、アウトプット法とインプット法がある。その方法を決定するには、財又はサービスの性質を考慮する（指針15項）。

### ①　アウトプット法（指針17項〜19項）

　アウトプット法は、現在までに移転した顧客にとっての価値を直接的に見積もるものであり、顧客に現在までに移転している財又はサービスと契約において約束した残りの財又はサービスとの比率に基づき、収益を認識するものである。アウトプット法に使用される指標には、現在までに履行を完了した部分の調査、達成した成果の評価、経過期間、生産単位数、引渡単位数等がある（指針17項）。

② **インプット法**（指針20項〜22項）

　インプット法は、履行義務を充足するために既に発生したインプット（消費した資源、発生労働時間、発生したコスト、経過期間、機械の稼働時間等）が、履行義務を完全に充足するまでに予想されるインプット合計に占める割合に基づいて収益を認識する方法である（指針20項）。例えば、日本の従来の工事契約会計基準における原価比例法による進捗度もインプット法である。

　履行義務を充足するためのインプットが、顧客への財又はサービスの支配の移転と直接関連しない場合は、関連しないインプットの影響を除外し、進捗度の見積りを修正する（指針22項）。

　　ⅰ）発生したコストが履行義務の充足に寄与しない場合。例えば、契約の価格に反映されていなかった、重大な非効率に起因して生じたコスト（予想外の原材料、労働力の仕損じコスト）は除外する。

　　ⅱ）発生したコストが履行義務の充足に係る進捗度に比例しない場合。財のコストは進捗度を測定する際に除外し、当該財のコストの範囲内でのみ別途収益を計上する。当該財に対する収益以外の収益に、修正された進捗度を乗じて計上すべき収益を計算する（150ページ【事例】進捗度の測定参照）。


**エ．一時点で充足される履行義務**

　履行義務が一定の期間にわたり充足されるものではないと判定された場合には、一時点で充足される義務として、顧客が約束された資産（財とサービスの双方を含む）に対する支配を獲得したことにより履行義務が充足された時に収益を認識する（基準39項）。

　企業が履行義務を充足する時点を決定するために、顧客への支配の移転時点を検討しなければならないが、その際に、以下のような指標を考慮するとされている（基準40項）。列挙されている指標以外にも考慮する場合

もあり、また、すべてが必要というわけではない。

① 企業が資産に対する支払いを受ける現在の権利を有していること

　顧客がそれと交換に、当該資産の使用を指図し当該資産の便益を獲得する。

② 顧客が資産に対する法的所有権を有していること

　企業が法的所有権を顧客の支払不履行に対する担保としてのみ保持している場合は、顧客の資産に対する支配を妨げない。

③ 企業が資産の物理的占有を移転したこと

　物理的占有が資産に対する支配と一致しない場合がある。

　買戻条件付契約、委託販売契約は企業が資産を支配している。又、逆に請求済未出荷契約は、顧客が支配している資産を企業が占有している。

④ 顧客が資産の所有に伴う重要なリスクを負い、経済価値を享受してしていること

⑤ 顧客が資産を検収したこと


## 出荷基準等の取扱い

　一時点で充足される履行義務の例外として、出荷基準、着荷基準が認められている（指針98項）。資産に対する支配が顧客に移転する前に収益を認識することが認められる。

　国内の販売において、出荷時から商品又は製品の支配が顧客に移転（例えば検収時点）されるまでの期間が通常の期間である場合、出荷時点又は着荷時点に収益を認識することができる。

　「通常の期間」とは、当該期間が国内における出荷及び配送に要する日数(数日間程度)に照らして取引慣行ごとに合理的と考えられる日数である。

第 3 節

# 特定の状況又は
# 取引における取扱い

## ① 財又はサービスに対する保証

　財又はサービスに対する保証については、「保証型」と「サービス型」の2つに分けて会計処理が示されている。

### ア．保証型保証

　約束した財又はサービスが、合意された仕様に従っていることにより、意図したとおりに機能するという保証のみを顧客に提供するもの。財又はサービスの販売とそれらに対する保証は一体となっている。

【会計処理】

　財又はサービスについて取引価格で収益を認識する。

　保証については、企業会計原則注解（注18）に定める引当金（製品保証引当金）として会計処理する（指針34項）。

### イ．サービス型保証

　約束した財又はサービスが、合意された仕様に従っているという保証に加えて、顧客にサービスを提供する保証。

【会計処理】

　追加分の保証（保証サービス）を含む場合は、保証サービスは財又はサービスの提供とは別個の独立した履行義務であり、取引価格を財又はサービ

スと当該保証サービスに配分する（指針35項）。

　財又はサービスに対する保証が、保証型の保証とサービス型の保証の両方を約束しているものの、それらを区分して合理的に会計処理できない場合は、両方を一括して単一の履行義務として処理し、取引価格の一部を当該履行義務に配分する（指針36項）。

# ② **本人と代理人の区分**

## ア．**本人又は代理人の会計処理**

　他の当事者が、顧客への財又はサービスの提供に関与している場合は、顧客との約束の性質を検討し、企業が本人に該当するか代理人に該当するかを判定する（指針39項～47項）。

　本人と代理人の区分の判定には、顧客に約束した特定の財又はサービスのそれぞれについて判断する。顧客との契約に複数の特定の財又はサービスが含まれている場合は、企業は、一部の特定の財又はサービスについては本人に該当し、他の特定の財又はサービスについて代理人に該当するときがある（指針41項）。

　どちらに該当するかによって収益の表示が異なる。

　顧客との約束が、当該財又はサービスを企業自ら提供する履行義務であると判断されるときは本人であり、当該財又はサービスの取引価格の総額を収益として認識する（指針39項）。

　顧客との約束が、当該財又はサービスを他の当事者によって提供されるように手配する履行義務であると判断されるときは代理人であり、他の当事者に提供されるように手配する報酬又は手数料の金額を収益とする。あるいは、他の当事者が提供する財又はサービスの取引価格から、他の当事者に支払う額を控除した純額を収益として認識する（指針40項）（**【図表－７】**及び**【図表－８】**参照）。

【図表－7】 本人と代理人の区分

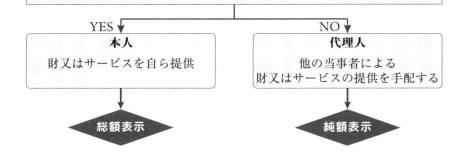

【図表－8】 代理人の収益認識額

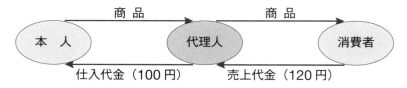

## イ．本人か代理人かの判定

　本人か代理人かを判定する基準は、顧客に移転する前の財又はサービスに対し、企業が支配しているか否かである。

　企業が約束した財又はサービスを顧客に移転する前に、その財又はサービスを支配している場合は本人である。他の当事者が提供する財又はサービスを支配していないときは、企業は代理人である（指針43項）。

　企業の履行義務が特定の財又はサービスを自ら提供することであれば本

人であるが、企業に代わり外注先等の他の当事者に履行義務の一部又は全部を充足させる場合も、企業が本人に該当する可能性がある（指針46項）。例えば、企業の外注先から顧客へ納品させるという場合である。

## ウ．財又はサービスを顧客に提供する前に支配しているという指標

判定に当たっては次のような指標を考慮する（指針47項）。

① 財又はサービスを提供するという約束の履行に対して<u>主たる責任</u>を有していること（例えば、財又はサービスが顧客の仕様を満たしていることについての主たる責任）

② 当該財又はサービスが顧客に提供される前、あるいは当該財又はサービスに対する支配が顧客に移転された後（例えば、顧客が返品権を有している場合）において、企業が<u>在庫リスク</u>を有していること

　顧客との契約を獲得する前に、企業が財又はサービスを獲得する場合（商品の仕入れ等）あるいは獲得することを約束する場合は、企業が当該財又はサービスの使用を指図し、当該財又はサービスからの便益のほとんどすべてを享受できる可能性がある。

③ 当該財又はサービスの<u>価格の設定</u>において企業が<u>裁量権</u>を有していること

　財又はサービスに対して顧客が支払う価格を企業が設定している場合。ただし、代理人が価格の設定における裁量権を有している場合もある。例えば、代理人は財又はサービスが他の当事者によって提供されるように手配するサービスから追加的な収益を生み出すために、価格の設定について一定の裁量権を有している場合がある。


## エ．代理人の判定

以下の指標があれば代理人に該当すると考えられる。

① 契約履行の主たる責任を有していない。

② 顧客の注文の前後、出荷中又は返品時のいずれにおいても、在庫の
　リスクを負わない。財又はサービスに対する支配権がない（瞬間的な
　法的所有権の獲得があったとしても）。

③ 財又はサービスの価格を設定する裁量権がないか、あっても少ない。

④ 企業の対価は手数料の形式による。

　ちなみに、本人取引か代理人取引かについて、法人税法では特に規定は
なく、改正法人税基本通達においても新会計基準に対応して新設されたも
のもない。総額処理であっても純額処理であっても課税所得の計算には影
響がないからである。そのため、改正基本通達でも新会計基準に対応した
特段の取扱いは定められていない。

　しかし、法人税において、売上高が基準になっている制度（例えば、研
究開発税制における高水準型の税額控除は平均売上金額が基準になっている）
があることに留意する必要がある。

　消費税には多大な影響を及ぼす。課税売上及び課税仕入の金額が異なる
からである。国税庁のホームページ「収益認識基準による場合の取扱いの
例」において、消費税の取扱いの関係で公表されているケースがあるので、
次ページ以降で紹介しておくので参照していただきたい。

【事例】 消化仕入（本人か代理人か）（国税庁 HP より著者編集）

・百貨店 A は、B 社と消化仕入契約を締結している。

・百貨店 A は顧客に 1 個20,000円の商品（卸値19,000円）を 1 個販売した。

・百貨店 A は、自らをこの消化仕入に係る取引における代理人に該当すると判断している。

・消費税率 8 ％とする。

【会計処理】

（金額単位：円）

| 会　計 | | | 法人税の取扱い | 消費税の取扱い |
|---|---|---|---|---|
| 百貨店 A | | | | 百貨店 A |
| 売掛金　　　　21,600 | 手数料収入　　 1,000 | | | 課税売上の対価　　20,000 |
| 仮払消費税　　 1,520 | 買掛金　　　　20,520 | | 同左 | 消費税額　　　　　 1,600 |
| | 仮受消費税　　 1,600 | | | B 社からの商品仕入 |
| | | | | 課税仕入の対価　　19,000 |
| | | | | 消費税額　　　　　 1,520 |

# ③ 追加の財又はサービスを取得するオプションの付与

### ア．オプション付与に係る履行義務と収益の認識時点

　追加的な財又はサービスを無料又は値引価格で取得するという顧客のオプションには、多くの形態がある。例えば、販売インセンティブ、顧客特典ポイント、契約更新オプション、あるいは将来の財又はサービスに係る値引き等がある。

　このようなオプションのうち、契約を締結しなければ顧客が受け取れない重要な権利を顧客に提供されるものに限り、企業は契約における履行義務を認識しなければならない。このような履行義務が充足されていない時点では、顧客はオプションの行使（将来の財又はサービスの提供を受けるこ

と）に対して企業に前払いをしているとされる。企業は、顧客がオプションを行使した時又はオプションの消滅時に収益を認識する（指針48項）。

　ここで留意すべきは、当該オプションは、契約を締結することによって顧客に提供される重要な権利の場合のみである。「重要な権利」とは、例えば、当該財又はサービスについて、その顧客階層にその地域又は市場において通常与えられる範囲の値引きではなくその増分の値引きを受ける権利である。要するに、契約した顧客にのみ与える特別な特典を意味している（同項）。

### イ．オプションに対する取引価格の配分

　オプション契約に関する履行義務は、販売取引とは独立した履行義務として、契約の取引価格を配分しなければならない。取引価格の配分は、独立販売価格の比率で行うこととされているが、追加的な財及びサービスを取得するオプションの独立販売価格が分からない（市場等において直接観察できない）場合は、企業は、顧客がオプションを行使しなくても通常受けられる値引きやオプション行使の可能性を考慮して見積もらなければならない（指針50項）。

　契約更新に係るオプション等、顧客が将来において財又はサービスを取得する重要な権利を有している場合で、当該財又はサービスが契約当初の財又はサービスと類似し、かつ、当初の契約条件に従って提供される場合は、オプションの独立販売価格を見積もらず、提供されると見込まれる財又はサービスの予想される対価に基づき、取引価格を配分することができる（指針51項）。例えば、賃貸借契約の更新、各種サービス提供業務の契約更新、物品販売の期間契約等で見られるオプションの付与である。

第 1 章
新会計基準の体系と基本原則

---

**【事例】 ポイントの付与**

・A 社は顧客に売上高100円に対し 1 ポイントを付与する。

・ 1 ポイントは 1 円として、次回以降の商品の購入時に使用できる。

・顧客に10,000円の商品を販売した時の会計処理

**【会計処理】**

　取引価格10,000円を商品の販売とポイントに独立販売価格に基づき配分する。

　商品　　　　$10,000 \times \dfrac{100}{(100 + 1)} = 9,901$

　ポイント　　$10,000 \times \dfrac{1}{(100 + 1)} = 99$

（仕訳）現金　10,000／売上高　　　9,901

　　　　　　　　　　／契約負債　　　99（ポイント行使時に収益認識）

---

## ウ．他社ポイントの付与

　企業が自社の顧客に対し、自社との取引の際に第三者のポイントを付与する取引がある。例えば、第三者である企業が運営する航空マイル等のポイントプログラムに参加している場合等である。

　企業の観点からは、ポイントの付与は顧客に重要な権利を提供していない。企業はポイント運営会社にポイントを付与する旨を伝達し、ポイントに相当する代金を第三者の企業に支払う義務を有する。

　企業は第三者運営のポイントを支配していないので、付与するに当たり、オプションから履行義務を認識する必要はない。

---

**【事例】 他社ポイントの付与**

・小売業 A 社は、B 社が運営するポイントプログラムに参加している。

35

・A社は商品を購入した顧客に、顧客がポイントプログラムのメンバーであることを確認後、購入額100円につきB社ポイントを1ポイント付与する。同時にB社に対し、その旨を連絡する。
・A社はB社に対し1ポイントにつき1円を支払う。

【会計処理】
　・商品販売時は、B社のために回収した額（100円のうち）1円を除き収益を認識する。
（仕訳）現金　　100／売上高　　99
　　　　　　　　　／未払金　　　1（B社に対する未払金）
　　　　未払金　　1／現金　　　1


# ④ 顧客により行使されない権利（商品券等）

　将来において財又はサービスを移転する又は移転するための準備を行うという履行義務について、顧客から支払いを受けた時に、支払いを受けた金額で契約負債を認識する。企業が財又はサービスを移転し、履行義務を充足した時に、当該契約負債の消滅を認識し、収益を認識する（指針52項）。

　しかし、顧客が前払いに対する契約上の権利の全部は行使しない場合がある。その非行使の権利は「非行使部分」と呼ばれる（指針53項）。

　契約負債の非行使部分について、企業が将来において非行使部分の金額に対する権利を得ると見込む場合には、非行使部分の金額について顧客による権利行使のパターンと比例的に収益を認識する。

　非行使部分について、企業が権利を得ると見込んでいない場合は、顧客が残りの権利を行使する可能性が非常に低くなった時に収益を認識する（指針54項）。

第 1 章
新会計基準の体系と基本原則

---

**【事例】 商品券の発行**

・企業 A は、商品券200万円を発行

・顧客が権利を行使しないと見込まれる非行使部分は20万円（10％）

 非行使部分見積額 200万円×10％＝20万円

・非行使部分は顧客による権利行使と比例的に収益を認識する。

・商品券使用額及び非行使部分の収益認識額は以下のようになる。

| 年度 | 使用額 | 使用率 | 非行使部分の収益認識額 | 合計収益認識額 |
|------|--------|--------|------------------------|----------------|
| 1 年度 | 90万円 | 50％ | 10万円（20万円×50％） | 100万円 |
| 2 年度 | 72万円 | 40％ | 8 万円（20万円×40％） | 80万円 |
| 3 年度 | 18万円 | 10％ | 2 万円（20万円×10％） | 20万円 |

＊使用率は非行使部分を除く商品券180万円（200万円×90％）に対する割合

（仕訳）（単位：万円）

 ・商品券発行時  現金預金  200／契約負債  200

 ・1 年度    契約負債  100／売上高  100

 ・2 年度    契約負債   80／売上高   80

 ・3 年度    契約負債   20／売上高   20

 ＊非行使部分の収益認識は雑収入とする場合もある。

---

# 5 返金が不要な取引開始日の顧客からの支払い（入会金等）

　企業が契約開始日又はその前後に、顧客から返金不要の支払いを受ける契約がある。例えば、各種クラブの入会金、スポーツクラブ会員契約の入会手数料、電気通信契約の加入手数料、その他供給契約の当初手数料等である。

　企業は、当該支払いを受け取った時点で、各契約を分析し、収益を認識

37

するかどうかを決定する（指針57項）。

　返金不要の支払いが、約束した財又はサービスの移転（例えば、会員登録のための事務手数料であれば、登録事務のサービスを提供している）に関連していない場合には、受取り時に収益を認識するのではなく、将来、財又はサービスを移転した時点で収益を認識する。

　顧客からの支払いが、約束した財又はサービスの移転を生じさせるものである場合は、当該財又はサービスの移転を独立した履行義務として処理するかどうかを判断する（指針59項）。

　企業が顧客に契約更新のオプションを付しており、そのオプションが重要な権利を顧客に提供している場合には、収益認識期間は当初の契約期間を超えて延長される（指針58項）。

# 6 ライセンスの供与

　ライセンスの供与は、企業の知的財産に対する顧客の権利を設定するものである。

　知的財産のライセンスには次のようなものがある（例示列挙）。

① ソフトウェア及び技術
② 動画、音楽及び他の形態のメディア及びエンターテイメント
③ フランチャイズ
④ 特許権、商標権及び著作権

### ア．ライセンスの供与が財又はサービス移転と識別できない場合

　企業は、ライセンスを顧客に供与する約束に加えて、他の財又はサービスを顧客に移転することを約束する場合がある。ライセンスを供与する約束が、顧客との契約における他の財又はサービスを移転する約束と別個のものでない場合は、両者を一括して単一の履行義務として処理する（指針61項）。例えば、次のような場合である。

【図表-9】 ライセンスの供与

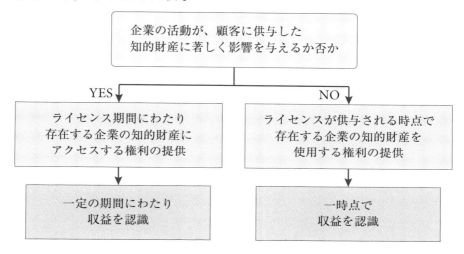

① ライセンスが有形資産の一部であり、その財の機能性と不可分であるライセンス（例えば、部品制御のソフトウェアの供与と自動車の顧客への移転）
② 関連するサービスとの関連でのみ便益を得られるライセンス（例えば、企業が提供するオンライン・サービスで、顧客がコンテンツへのアクセスが可能になるもの）

技術革新が急速な産業において、知的財産をライセンスすると同時に知的財産に関するアップグレードの特約を付ける場合、顧客はアップグレードなしには十分な便益を受けられない状況では、ライセンスとアップグレードは高度に関連しており、契約において履行義務を区別することはできない。

### イ．ライセンス供与の性質判定と会計処理

ライセンスへのアクセス権利か、ライセンスの使用権利かの相違によって、ライセンス供与の会計処理が決定される（指針62項）（【図表-9】参照）。

① ライセンス期間にわたり存在する企業の知的財産にアクセスする権利を供与する場合は、一定期間にわたり充足される履行義務として処理する。

② ライセンスが供与される時点で存在する企業の知的財産を使用する権利を供与する場合は、一時点で充足される履行義務として処理し、顧客がライセンスを使用してライセンスからの便益を享受できる時に収益を認識する。

### ウ．知的財産へのアクセス権利を提供

　以下の三つの要件のすべてに該当する場合は、顧客が権利を有している知的財産の形態、機能性又は価値が継続的に変化しており、企業の知的財産にアクセスする権利を提供するものである（指針63項）。

① ライセンスにより顧客が権利を有する知的財産に著しく影響を与える活動を企業が行うことが、契約により定められているか又は顧客によりそれが合理的に期待されていること

② 顧客が権利を有している知的財産に著しく影響を与える企業の活動により、顧客が直接的に影響を受けること

③ 顧客が権利を有している知的財産に著しく影響を与える企業の活動の結果として、企業の活動が生じたとしても、財又はサービスが顧客に移転しないこと

　例えば、自社ブランドを利用するライセンスを提供する場合に当てはめると、①企業のブランド・マーケティング活動を顧客が期待し、②企業の当該活動は、ライセンスに基づく権利に重要な影響を与えているが、③当該活動は顧客に財及びサービスを提供するものではないということである。

　顧客が権利を有している知的財産に著しく影響を与える企業の活動とは、次のいずれかに該当する場合である（指針65項）。

ⅰ）知的財産の形態（例えば、デザイン、コンテンツ）又は機能性を著しく変化させると見込まれること

ⅱ）顧客が知的財産からの便益を享受する能力が、当該企業の活動により得られること又は当該企業の活動に依存していること

## エ．知的財産を使用する権利の提供

　適用指針第30号第63項のいずれかに該当しない場合は、ライセンスが供与される時点で存在する企業の知的財産を使用する権利を提供するものである。

　例えば、企業が顧客との契約においてソフトウェア・ライセンスを提供する際に、別個にインストール・サービス、アップグレード、テクニカル・サポートの履行義務を認識している場合、

・ライセンスが顧客に移転した時点で、ソフトウェアは機能し、ソフトウェアの便益は顧客が利用、獲得することができる
・ソフトウェア移転後に、顧客はライセンスに関係する知的財産に重要な影響を与える企業の活動を期待していない
・ライセンスは一時点で顧客に移転しているので、ライセンス期間を通じて知的財産は変更されない
・その他の三つのサービスは別個の履行義務として認識している

ので、ソフトウェア・ライセンスは、ある一時点で存在する企業の知的財産を使用する権利を顧客に提供しているものである。

## オ．売上高又は使用量に基づくロイヤルティ

　知的財産のライセンス供与に対して受け取る売上高ベース又は使用量ベースのロイヤルティは、次のいずれか遅い方で、収益を認識する（指針67項）。この取扱いは変動対価の特別の適用である。他の種類の変動対価に適用することはできない（指針151項）。

① 知的財産のライセンスに関連して顧客が売上高を計上する時又は顧客が知的財産のライセンスを使用する時

② 売上高又は使用量に基づくロイヤルティの一部又は全部が配分されている履行義務が充足あるいは部分的に充足される時

---

**【事例】売上高に基づくロイヤルティ**

・A 社は製品 X の開発に成功し、X 製品の販売に関するライセンスを有している。

・A 社は B 社とブラジルにおける X 製品の独占販売を認めるライセンス契約を締結した。契約期間は 5 年である。

・ロイヤルティ（ライセンスの使用料）は、年間売上高の 5 ％である。

・B 社は、年度末に年間売上高報告書を A 社に通知する。

・B 社のブラジルにおける当期の年間売上高は 5 億円であった。

**【会計処理】**

・ロイヤルティの金額　5 億円 × 5 ％ = 25 百万円

　（仕訳）　未収入金　25百万円／ロイヤルティ収入　25百万円

---

# 7 買戻契約

「買戻契約」とは、企業が商品又は製品を販売するとともに当該商品又は製品を買い戻すことを約束する、又は買い戻すオプションを有する契約である。

次の三つの形態がある。

① 企業が商品又は製品を買い戻す義務（先渡取引）

② 企業が商品又は製品を買い戻す権利（コール・オプション）

【図表－10】買戻契約の会計処理

・コール・オプション

| 販売価格＞買戻価格 | リース取引 |
|---|---|
| 販売価格≦買戻価格 | 金融取引 |

・プット・オプション

| 販売価格＞買戻価格 | 顧客の経済的なインセンティブ<br>　有：リース取引<br>　無：返品権付き販売 |
|---|---|
| 販売価格≦買戻価格＞時価 | 金融取引 |
| 販売価格≦買戻価格≦時価 | 顧客の経済的なインセンティブ<br>　無：返品権付き販売 |

③　企業が顧客の要求により商品又は製品を買い戻す義務（プット・オプション）

　買戻条件が含まれる販売契約は、契約の内容及び条項により、会計処理が異なる（【図表－10】参照）。返品権付きの販売、リース取引又は金融取引として会計処理する。

## ア．先渡取引又はコール・オプションの会計処理（上記①、②）

　企業が商品又は製品を買い戻す義務（先渡取引）あるいは企業が商品又は製品を買い戻す権利（コール・オプション）を有している場合は、顧客は当該商品又は製品に対する支配を獲得していない。

　顧客は、商品又は製品に対する支配を獲得していないため、販売時点では収益を認識しない。顧客が当該商品又は製品を物理的に占有しているとしても、顧客が当該商品又は製品の使用を指図したり、当該資産から便益を受ける能力が制限されているため、顧客は資産を支配していない。

　次のように会計処理しなければならない（指針69項）。

①　買戻価格が販売価格より低い価格で買い戻す契約

実質的に当該商品又は製品を一定の期間にわたり使用する権利の対価が企業に支払われることになるため、企業会計原則第13号「リース取引に関する会計基準」に従ったリース取引として会計処理する。

② 買戻価格が販売価格に等しいか高い場合は、企業は実質的に金利を支払うことになるため、金融取引として会計処理する。

金融取引として会計処理する場合は、顧客から受け取った対価について金融負債（借入金等）を認識し、資産は担保として差し入れたと考えるので、顧客への資産の移転はない。販売価格と買戻価格の差額は金利として認識する（指針70項）。

---

**【事例】コール・オプション**

・販売価格　80万円、買戻価格　100万円

（金額単位：百万円）

・販売時：（仕訳）　　現金預金　　　80／借入金　　　　　80

・買戻時：（仕訳）　　借入金　　　　80／現金預金　　　100

　　　　　　　　　　支払利息　　　20／

---

オプションが未行使のまま消滅する場合には、負債の消滅を認識し、収益を認識する（指針71項）。

---

**【事例】未行使のオプション**

（金額単位：百万円）

・販売時：（仕訳）　　現金預金　　　80／借入金　　　　80

・オプション消滅時：（仕訳）

　　　　　　　　　　借入金　　　　80／売上高　　　　80

---

## イ．プット・オプションの会計処理（上記③）

　顧客は当該商品又は製品を返還する義務も、また返還に備える義務も有しておらず、当該商品又は製品の使用を指図する能力や当該商品又は製品からの便益を享受する能力を有しており、当該商品又は製品に対する支配を獲得している。

　企業は当該商品又は製品の買戻しに備える義務を、返品権付きの販売として処理する（指針72項、156項）。

　企業が顧客の要求により商品又は製品を買い戻す義務（プット・オプション）の会計処理には、顧客が権利を行使する重大な経済的インセンティブを有しているか否かが問題になる。「経済的インセンティブ」とは、例えば、買戻価格が商品又は製品の市場価値（時価）を大幅に超えると見込まれれば行使するなどである。

　顧客がプット・オプションを行使する重要な経済的インセンティブを有している場合には、当該商品又は製品の使用を指図する能力や便益を享受する能力が実質的に制限されるため、当該商品又は製品に対する支配を獲得していない（指針157項）。

　以下のように会計処理する。

① 　企業が販売価格より低い価格で買い戻す義務を有している場合（指針72項）

　・顧客が権利を行使すると、顧客は実質的に、当該資産を一定期間にわたり使用する権利の対価を企業に支払う結果となる。顧客が当該権利を行使する重大な経済的インセンティブを有している場合には、リース取引として会計処理する。

　・重大な経済的インセンティブを有していない場合は、企業は返品権付きの販売として会計処理する（「⑩　返品権付き販売」参照）。

② 　企業が販売価格より高い価格で買い戻す義務を有している場合（指針73項）

・商品又は製品の買戻価格が当初の販売価格以上であり、かつ、当該資産の予想市場価値（時価）よりも高い場合には、当該契約は金融取引として処理する。

・予想市場価値以下であり、かつ、顧客がプット・オプションを行使する重要な経済的インセンティブを有していない場合には、返品権付きの販売として会計処理する。

# 8 委託販売契約

　企業は引き渡した商品又は製品が委託で保有されている場合は、他の当事者に引き渡した時点で収益を認識しない（指針75項）。

　次のような指標がある場合は、契約が委託販売契約である（同76項）。

① 　販売業者が最終顧客に商品又は製品を販売するまで、あるいは所定の期間が満了するまで、企業が商品又は製品を支配していること

② 　企業が商品又は製品の返還を要求するか又は別の第三者（販売業者等）に製品を移転することができること

③ 　販売業者が、商品又は製品の対価を支払う無条件の義務を有していないこと

---

**【事例】委託販売**

・アパレルメーカーである A 社は、紳士洋品店 B 社に紳士服の販売を委託している。

・B 社は消費者が購入した時点までは商品の所有権は有しない。B 社は保管中に商品を紛失したり毀損したりしない限り、顧客に販売されるまで A 社に対し支払義務を負わない。

・顧客に販売されていない商品は、A 社に返品することができる契約である。

第 1 章
新会計基準の体系と基本原則

・A 社は売れ行きが悪い洋品店から商品を引き取り、別の洋品店に販売委託する権利を持っている。
・当期に B 社にネクタイ20百万円（原価14百万円）を販売委託したが、期末において、B 社から10百万円（原価 7 百万円）の売上計算書が届いた。

【会計処理】（金額単位：百万円）
・B 社は、A 社から商品を引き渡された時点で、当該商品の支配を獲得していないため、委託販売契約のための引渡しであり、B 社に引き渡した時点で収益を認識しない。
（仕訳）　積送品　　　14／仕入　　　14
・収益は、企業の財に対する支配を他の当事者に移転した時点で認識される。B 社が最終消費者へ販売した時点で、A 社も B 社へ支配を移転したことになる。
・B 社から10百万円の販売報告がされた時点で、売上高10百万円を計上する。B 社へ別途契約した販売委託手数料を支払う。
（仕訳）　仕入　　　　 7／積送品　　　 7
　　　　　売掛金　　　10／売上高　　　10

## 9 請求済未出荷契約

　「請求済未出荷契約」とは、企業が商品又は製品について顧客に対価を請求したが、当該商品又は製品の物理的占有は、将来のある時点で顧客に移転するまで企業が保持する契約である（指針77項）。
　顧客が請求済未出荷契約において、商品又は製品の支配を獲得したと言えるためには、以下の要件のすべてを満たしていなければならない（指針79項）。
　①　請求済未出荷契約を締結した合理的な理由があること
　　　顧客の事情による要請など実質的なものでなければならない。

47

例えば、顧客に保管場所がないとか、顧客の生産スケジュールの遅延で原料の出荷を待機しているような場合。

② 当該商品又は製品が、顧客に属するものとして区分して識別されていること（保管場所の区分とその旨の明示）

③ 当該商品又は製品は、現時点で顧客への物理的な移転の準備が整っていること

④ 企業は当該商品又は製品を使用したり、別の顧客に振り向けたりすることはできないこと

# 10 返品権付き販売

従来の返品権付き販売の会計処理とは異なるので重要である。

返品権付きの商品又は製品及び返金条件付きで提供されるサービスを販売した時は次の三つのすべてについて処理する（指針85項）。

① 移転した商品又は製品について、企業が確実に権利を得ると見込んだ額（返品されると見込まれる商品又は製品の対価を除く）で収益を認識する。

② 返品が見込まれる商品又は製品については収益を認識せず、返品に応じる義務を返金負債（当該商品又は製品について受け取った又は受け取る額）として認識する。

③ 返金負債の決済時に顧客から商品又は製品を回収する権利について資産を認識する。

企業は決算日ごとに、移転した商品又は製品と交換に得ると見込んでいる対価及び返金負債の金額を見直すとともに、認識した収益の額を変更する（指針87項）。

返金負債の決済時に顧客から商品又は製品を回収する権利として認識し

た資産の額は、当該商品又は製品の従前の帳簿価額から予想される回収費用（潜在的な下落の見積額を含む）を控除し、各決算日に当該控除した額を見直す（指針88項）。

すなわち、返品権が付されている商品又は製品の販売の会計処理は、返品が見込まれる商品又は製品については収益を認識せず、返品に応じる義務を返金負債として認識し、返金負債の決済時に顧客から製品を回収する権利に係る資産（販売した商品又は製品の原価又は原価から回収費用を控除した額）を認識し、対応する売上原価の修正をするということであり、認識された収益、返金負債、返金負債に付随する資産は決算日には見直さなければならない。

---

**【事例】 返品権付き販売**

・A製品（販売単価100円、原価80円）を100個販売したが、10％の製品が返品されると見込まれる。

・A製品の原価率は80％、返品回収費は0円とする。

（仕訳）（単位：円）

・販売時：現金預金　10,000／売上高　　　9,000
　　　　　　　　　　　　　　　／返金負債＊　1,000

　　　　　売上原価　7,200／製品　　　　8,000
　　　　　返品資産＊　800／

・返品時：返金負債　1,000／現金預金　1,000
　　　　　製品　　　　800／返品資産　　800

＊返金負債と返品資産は相殺表示してはならない（指針105項）。

---

49

第 **2** 章

# 収益認識に関する 法人税法の改正

収益認識会計基準の導入を踏まえ、2018年度税制改正において資産の販売等に係る収益に関する規定の改正が行われた。法人税法は2018年3月31日に、法人税基本通達は2018年5月30日（課法2-8ほか2課共同「法人税基本通達の一部改正について」）に改正が行われた。いずれも原則として2018年4月1日以後終了する事業年度から適用される。

収益認識会計基準は企業会計原則に優先して適用される会計基準としての位置づけがなされており、履行義務という新たな概念をベースとして収益の計上単位、計上時期及び計上額を認識する会計処理である。

この新会計基準に対応するため、法人税法では新たに資産の販売等に係る収益の計上時期及び計上額を明確化する規定が設けられ、法人税基本通達においては収益の計上単位、計上時期及び計上額について「履行義務」という新たな概念を盛り込んだ形で見直し、整理が行われた。

# 第 1 節

## 法人税法の改正

新会計基準の適用に対応した法人税法の改正は以下のようである。

① 法人税法第22条の 2 の新設

② 法人税法施行令第18条の 2 の新設

③ 返品調整引当金の廃止

④ 長期割賦販売の割賦基準（延払基準）の廃止

## 1 法人税法における収益の定め

法人税法において、収益に関する定めは、法人税法第22条に設けられている。

法人の各事業年度の所得の金額の計算は、第22条第 4 項に定める「一般に公正妥当と認められる会計処理の基準」に従った会計処理をしていれば、その会計処理は認められる（法法22④）。

この規定を受けて、新たに法人税法第22条の 2 が設けられた。

なお、法人税法第22条第 4 項の「別段の定め」として、資産の販売が長期割賦販売等に該当する場合は、延払基準による収益が可能であるとした定め（旧法法63）がある。また、収益に関する別段の定めではないが、返品が見込まれる場合に返品調整引当金の繰入れによる損金算入が可能であった（旧法法53）。後述するように、いずれの定めも改正法人税法では廃止された。

53

> **(参考) 法人税法第22条**
>
> 　内国法人の各事業年度の所得の金額は、当該事業年度の益金の額から当該事業年度の損金の額を控除した金額とする。
>
> 2　内国法人の各事業年度の所得の金額の計算上当該事業年度の益金の額に算入すべき金額は、別段の定めがあるものを除き、資産の販売、有償又は無償による資産の譲渡又は役務の提供、無償による資産の譲受けその他の取引で資本等取引以外のものに係る当該事業年度の収益の額とする。
>
> 3　内国法人の各事業年度の所得の金額の計算上当該事業年度の損金の額に算入すべき金額は、別段の定めがあるものを除き、次に掲げる額とする。(以下、省略)
>
> 4　第2項に規定する当該事業年度の収益の額及び前項各号に掲げる額は、別段の定めがあるものを除き、一般に公正妥当と認められる会計処理の基準に従つて計算されるものとする。
>
> 5　第2項又は第3項に規定する資本等取引とは、～ (以下、省略)～

# ② 法人税法第22条の2の新設と新会計基準の関係

　法人税法第22条第2項及び第4項を受ける形で、第22条の2が新設された。これにより、従来は主として基本通達に規定されていたが、法人税法本体で、収益認識時点及び所得の計算上益金の額に算入する金額について明確化された。

　法人税法第22条の2と対応する新会計基準の関係は以下のように整理される。

## ア．収益の計上時期

**第1項**　原則として収益の計上時期は目的物の引渡し又は役務の提供の日の属する事業年度となる(例：検収日、作業完了日、使用収益開始日等)。
　　　　＊役務の提供には資産貸付けを含む。

### 新会計基準

・収益の額は顧客との取引により生じる収益に限定されており、また適用されない取引（金融取引等、企業のアウトプットではない固定資産の譲渡等）もあり、税法規定より範囲が狭い。

・収益は履行義務の充足により認識され、履行義務は顧客に財又はサービスを移転することにより充足される。財又はサービスが移転するのは、顧客が財又はサービスに対する支配を獲得した時又は獲得するにつれてである（基準35項）。税法の収益の計上時期と一致する。

**第2項**　一般に公正妥当と認められる会計処理の基準に従って、引渡し日に近接する日の属する事業年度の確定決算において処理した場合は、益金の額に算入する（例：出荷日、検針日、車両登録時、契約効力発生日、仕切精算書到達日等）。

　　　　　＊割賦基準における割賦金回収日は近接する日に該当しない。

### 新会計基準

・商品又は製品の国内販売において、出荷時から当該商品又は製品の支配が顧客に移転される時までの期間が通常の期間である場合は、出荷時から当該商品又は製品の支配が顧客に移転される時までの間の一時点（例：出荷時や着荷時）に収益を認識することができる（指針98項）。

　　新基準は、商品又は製品の引渡し日に近接する日を、収益認識時点として認めているが、税法が認める検針日基準は認めていない。また、委託販売における収益の認識時点についても、顧客が商品又は製品の支配を獲得した時点であり、税法が認める仕切精算書到達日は認めていない。

　　新会計基準においては、「引渡し日に近接する日」をすべて認めているのではなく、従来の取引慣行に配慮し「出荷基準」のみを代替的な取扱いとして認めていると解すべきである。

**第3項**　収益の額を、近接する日の属する事業年度において申告調整することも認められる。ただし、引渡し等の日又は近接する日の属する事業年度において、収益として経理している場合は、申告調整によりこれらの日以外の日の属する事業年度の益金に算入することはできない。

**【収益の計上時期についてのまとめ】**（国税庁 HP より編集）

・2018年改正は、改正前の公正処理基準（これを補完する通達・判例）における取扱いを明確化したものであり、新会計基準を適用しない場合の収益計上時期を従来と変更するものではない。

・引渡しの日には複数の収益計上時期があり得るところ、引渡しの日の中で法人が選択した収益計上時期の基準は継続して適用することが求められる。

　例えば、その取引について出荷した日が引渡しの日として合理的と認められ継続して適用している場合に、期末の取引だけ検収した日とすることは認められない。

・引渡しの日ではなくても、公正処理基準に従い引渡しの日に近接する日を収益計上時期としている場合には、その近接する日において収益計上することが認められる（申告調整も可）。その近接する日を収益計上時期の基準としている場合、継続して適用することが求められる。

（注）　第3項は、第2項における収益経理をしていない場合であっても申告調整により近接する日に収益計上することを認めるというものであって、恣意的な申告調整を認めるものではない。

　すなわち、引渡し等の日又は近接する日の属する事業年度において、新会計基準（公正妥当な会計処理基準）による会計処理をした場合は、申告調整によりこれらの日以外の日の属する事業年度の収益に算入することはできない。会計上正しい処理を行っているにもかかわらず、申告

調整することにより、法人税法上の収益計上時期を動かすことはできない。

・収益計上時期に誤りがある取引については、すべて引渡しの日の収益として是正するわけではなく、公正処理基準に従い近接する日を収益計上時期の基準として継続して適用している場合には、その近接する日の収益として是正することとなる。

## イ．収益の計上額

**第4項**　所得の金額の計算上益金の額に算入する金額は、原則として、その販売若しくは譲渡をした資産の引渡しの時における価額又はその提供した役務につき、通常得るべき対価の額に相当する金額とする。

　　　「『通常得るべき対価の額』に相当する金額」とは、一般的には第三者間で通常付される価額（時価）をいう。

　　　時価を基準として収益の額を算定するという原則は、新会計基準の適用対象となる取引に限られない。新会計基準を適用していない中小企業にも適用される。

　　＊値引きや割戻しについては、譲渡資産等の時価をより正確に反映させるための調整と位置づけることができる。

### 新会計基準

・取引価格とは、財又はサービスの顧客への移転と交換に得ると見込む対価の額（基準47項）。法人税法の規定と矛盾しない。

**第5項**　通常得るべき対価は、資産の販売の金銭債権の貸倒れ、買戻しの可能性はある場合でも、ないものとした価額とする。返品と回収不能については収益の額に織り込むことはできないとした。

### 新会計基準

・顧客との契約金額ではなく、変動対価を考慮して企業が権利を得ると見込む対価の額で収益を認識する。取引価格に含まれる変動対価の見積り

部分には、返品の可能性や回収不能等の影響を受ける（基準53項）。税法では、回収不能や返品は譲渡資産の時価とは関係ない要素であるとして、価格に見積もる処理は認められていない。

---

**【事例】 新会計基準と法人税の取扱いの相違**

・取引価格（時価）　100円

・返品見積額　10円、回収不能見積額　20円

・新会計基準による収益額は70円（100－10－20）

・法人税による益金は100円だが、返品調整引当金の損金算入が認められている期間（新会計基準の強制適用開始まで及び経過措置適用期間）は、損金算入限度額は損金として認められる。また、回収不能額20円は売掛金70円に加算される（後述の**第7項**、法令18の2④参照）。当該金銭債権計上差額については、損金経理により貸倒引当金繰入額とみなされる（法令99）。

---

**（参考）法人税法施行令第99条**

　内国法人が法第22条の2第1項（収益の額）に規定する資産の販売等を行つた場合において、当該資産の販売等の対価として受け取ることとなる金額のうち同条第5項第1号に掲げる事実が生ずる可能性があることにより売掛金その他の金銭債権に係る勘定の金額としていない金額（以下この条において「金銭債権計上差額」という。）があるときは、当該金銭債権計上差額に相当する金額は、当該内国法人が損金経理により貸倒引当金勘定に繰り入れた金額又は当該内国法人が設けた法第52条第5（貸倒引当金）に規定する期中個別貸倒引当金勘定若しくは同条第6項に規定する期中一括貸倒引当金勘定の金額とみなして、同条第1項、第2項、第5項及び第6項の規定を適用する。

第 2 章
収益認識に関する法人税法の改正

## ウ．無償譲渡

**第6項**　無償による資産等の譲渡に係る収益の額には、現物配当等による資産の譲渡に係る収益の額が含まれる。現物配当等は資産の譲渡と利益分配等の混合取引であり、資産の譲渡に係るキャピタルゲインについて課税されることが明確化された。

**新会計基準**

・無償譲渡に関する特別な規定はない。

## エ．収益の額の変動

**第7項**　資産の販売等に係る収益の額につき修正の経理をした場合の処理については政令で定める（例：値引き、割戻し、時価の事後的な変動等）。

　　　　法人税法第22条の 2 第 7 項を受けて、法人税法施行令第18条の 2 が新設された。

・当初益金算入額に修正の経理により増加した収益の額を加算し、又は減少した収益の額を控除した金額を、修正の経理をした事業年度の益金の額又は損金の額に算入する（法令18の 2 ①）。

・申告調整による修正も「修正の経理」とみなす（同②）。

・引渡し等事業年度終了の日後に生じた事情により価額又は対価の額が変動したとき、修正額の増減は変動することが確定した事業年度の益金の額又は損金の額に算入する（同③）。修正の額が決まるまで修正の経理をしない場合でも、変動額が確定した事業年度の益金又は損金に算入するということである。

**新会計基準**

・見積もった取引価格は、各決算日に見直し、取引価格が変動する場合には「取引価格の変動」の規定（基準74項〜76項）を適用する。それによれば、取引価格の変動も履行義務別に配分するのが原則であるが、取引

59

価格の事後的な変動のうち、既に充足した履行部分に配分された額については、取引価格が変動した期の収益の額を修正するとしている（基準74項）。取引価格の変動が発生した時点で修正する点で税法と同じである。

## （参考）法人税法第22条の2

　内国法人の資産の販売若しくは譲渡又は役務の提供（略）に係る収益の額は、別段の定め（前条第4項を除く。）があるものを除き、その資産の販売等に係る目的物の引渡し又は役務の提供の日の属する事業年度の所得の金額の計算上、益金の額に算入する。

2　内国法人が、資産の販売等に係る収益の額につき一般に公正妥当と認められる会計処理の基準に従つて当該資産の販売等に係る契約の効力が生ずる日その他の前項に規定する日に近接する日の属する事業年度の確定した決算において収益として経理した場合には、同項の規定にかかわらず、当該資産の販売等に係る収益の額は、別段の定め（前条第4項を除く。）があるものを除き、当該事業年度の所得の金額の計算上、益金の額に算入する。

3　内国法人が資産の販売等を行つた場合（略）において、当該資産の販売等に係る同項に規定する近接する日の属する事業年度の確定申告書に当該資産の販売等に係る収益の額の益金算入に関する申告の記載があるときは、その額につき当該事業年度の確定した決算において収益として経理したものとみなして、同項の規定を適用する。

4　内国法人の各事業年度の資産の販売等に係る収益の額として第1項又は第2項の規定により当該事業年度の所得の金額の計算上益金の額に算入する金額は、別段の定め（前条第4項を除く。）があるものを除き、その販売若しくは譲渡をした資産の引渡しの時における価額又はその提供をした役務につき通常得べき対価の額に相当する金額とする。

5　前項の引渡しの時における価額又は通常得べき対価の額は、同項の資産の販売等につき次に掲げる事実が生ずる可能性がある場合においても、その可能性がないものとした場合における価額とする。

　一　当該資産の販売等の対価の額に係る金銭債権の貸倒れ

　二　当該資産の販売等（資産の販売又は譲渡に限る。）に係る資産の買戻し

6　前各項及び前条第2項の場合には、無償による資産の譲渡に係る収益

の額は、金銭以外の資産による利益又は剰余金の分配及び残余財産の分配又は引渡しその他これらに類する行為としての資産の譲渡に係る収益の額を含むものとする。

7　前2項に定めるもののほか、資産の販売等に係る収益の額につき<u>修正の経理をした場合の処理</u>その他第1項から第4項までの規定の適用に関し必要な事項は、政令で定める。

## (参考)　法人税法施行令第18条の2

　内国法人が、法第22条の2第1項（収益の額）に規定する資産の販売等（略）に係る収益の額（略）につき、一般に公正妥当と認められる会計処理の基準に従って、法第22条の2第1項又は第2項に規定する事業年度（以下この条において「引渡し等事業年度」という。）後の事業年度の確定した決算において修正の経理（法第22条の2第5項各号に掲げる事実が生ずる可能性の変動に基づく修正の経理を除く。）をした場合において、当該資産の販売等に係る収益の額につき同条第1項又は第2項の規定により当該引渡し等事業年度の所得の金額の計算上益金の額に算入された金額（以下（略）「当初益金算入額」という。）にその修正の経理により増加した収益の額を加算し、又は当該当初益金算入額からその修正の経理により減少した収益の額を控除した金額が当該資産の販売等に係る同条第4項に規定する価額又は対価の額に相当するときは、その修正の経理により増加し、又は減少した収益の額に相当する金額は、その修正の経理をした事業年度の所得の金額の計算上、益金の額又は損金の額に算入する。

2　内国法人が資産の販売等を行った場合において、当該資産の販売等に係る収益の額につき引渡し等事業年度後の事業年度の確定申告書に当該資産の販売等に係る当初益金算入額を増加させ、又は減少させる金額の申告の記載があるときは、その増加させ、又は減少させる金額につき当該事業年度の確定した決算において修正の経理をしたものとみなして、前項の規定を適用する。

3　内国法人が資産の販売等に係る収益の額につき引渡し等事業年度の確定した決算において収益として経理した場合（当該引渡し等事業年度の確定申告書に当該資産の販売等に係る収益の額の益金算入に関する申告の記載がある場合を含む。）で、かつ、その収益として経理した金額（当該申告の記載がある場合のその記載した金額を含む。）が法第22条の2第1項又は第2項の規定により当該引渡し等事業年度の所得の金額の計

算上益金の額に算入された場合において、当該引渡し等事業年度終了の日後に生じた事情により当該資産の販売等に係る同条第4項に規定する価額又は対価の額（以下この項において「収益基礎額」という。）が変動したとき（その変動したことにより当該収益の額につき修正の経理（前項の規定により修正の経理をしたものとみなされる場合における同項の申告の記載を含む。以下この項において同じ。）をした場合において、その修正の経理につき第1項の規定の適用があるときを除く。）は、その変動により増加し、又は減少した収益基礎額は、その変動することが確定した事業年度の所得の金額の計算上、益金の額又は損金の額に算入する。

4 内国法人が資産の販売等を行った場合において、当該資産の販売等の対価として受け取ることとなる金額のうち法第22条の2第5項各号に掲げる事実が生ずる可能性があることにより売掛金その他の金銭債権に係る勘定の金額としていない金額（以下この項において「金銭債権計上差額」という。）があるときは、当該対価の額に係る金銭債権の帳簿価額は、この項の規定を適用しないものとした場合における帳簿価額に当該金銭債権計上差額を加算した金額とする。

# ③ 長期割賦販売の延払基準の廃止

　新会計基準においては割賦基準による収益認識は認められない。法人税法はこれに応じて割賦基準に関する規定を削除し、新会計基準と歩調を合わせた。

　長期割賦販売等に係る収益及び費用の帰属事業年度の特例について、対象となる資産の販売等をリース譲渡に限定することとする（旧法法63関係）。

　長期割賦販売等に該当する資産の販売等について延払基準により収益を計上する選択制度は廃止された。

　なお、2018年4月1日前に長期割賦販売等に該当する資産の販売等を行った法人等について経過措置が設けられている（改正法附則28、33）。

① 2023年3月31日までに開始する各事業年度について現行の規定に

より収益の額及び費用の額を計算することができる。

② 2018年4月1日以後に終了する事業年度においてその計算をやめた場合の未計上収益額及び未計上費用額を10年均等で計上する。

また、施行日前に長期割賦販売等に該当する資産の販売等に係る契約をし、かつ、施行日以後に当該資産の販売等に係る目的物又は役務の引渡し又は提供をした場合には、当該資産の販売等は施行日前に行われたものとし、経過措置の適用ができる（改正法令附則13③）。

## 4 返品調整引当金制度の廃止

従来の税法では認められていた業種限定の返品調整引当金の繰入れを損金と認める制度は廃止され、法人税法第53条が削除された。

当該改正も新しい会計基準の導入に応じた改正である。なお、この法律の施行の際、現に対象事業を営む法人等について、2021年3月31日までに開始する各事業年度については現行の規定による損金算入限度額による繰入れを、同年4月1日から2030年3月31日までの間に開始する各事業年度については現行の規定による繰入限度額に対して1年ごとに10分の1ずつ縮小した額の繰入れを、それぞれすることができる等の経過措置が講じられている（改正法附則25、32）。

第 2 節

# 法人税基本通達の改正

新会計基準・同適用指針は、2018年 3 月30日に公表され、2018年 4 月 1 日以後開始する連結会計年度及び事業年度から適用することができる（任意適用）。

強制適用は2021年 4 月 1 日以後開始する連結会計年度及び事業年度の期首からであるが、税法は任意適用会社に間に合うように、法人税法は2018年 3 月31日、基本通達は2018年 5 月30日に迅速に改正が行われ、改正法はいずれも2018年 4 月 1 日から施行されている。

これらの改正は、新会計基準の導入に合わせた画期的な改正である。

特に改正基本通達は、収益に関する事項に限定すれば、従来の基本通達と全く姿形を変え驚くべき変貌であると思われる。新会計基準を先に読んだ者から見ると、改正基本通達は新会計基準にそっくりに見える。いわば革新的な改正であるといえる。

## 1 基本通達の改正方針

新会計基準は収益の認識に関する包括的な会計基準であるため、法人税法の益金に関する処理基準は、新会計基準に沿ったものに変更する。

益金認識の処理基準である基本通達も、「益金の算入時期」と「益金の算入額」の規定の下に組まれている。一方、新会計基準においては、「収益の認識時期（計上時期）」と「収益の認識額」が二大柱になって収益の認識に関する規定が設けられている。

新会計基準の収益の認識時期は「履行義務の充足」であり、収益の認識額は取引価格であるが、それには「変動対価」が含まれている。

改正基本通達においても、履行義務の充足と変動対価の概念が導入されている。履行義務の充足により収益を認識するという考え方は、法人税法上の実現主義又は権利確定主義の考え方と矛盾するものではない。そのため、改正基本通達には「履行義務」という新たな概念が盛り込まれた。

\*　　　　　　　　　　\*

新会計基準は、顧客との取引が完了し確定金額で財務諸表に計上することを目指していない。刻々と移り変わる企業の取引過程を描写するために、多くの見積り要素に溢れた会計基準である。

一方、税法は公平な所得計算を目的としている。過度に保守的な取扱いや、恣意的な見積りが行われる危険性を避けるため、税法独自の取扱いを定めている。新会計基準に沿いながらも、税の原則である公平性、明瞭性、便宜性を保持するための措置が講じられている。

**（基本通達の構成）**

| 会計基準と基本通達が一致する部分 | 独自の税法のルール |
|---|---|

なお、中小企業については引き続き従前の企業会計原則等に則った会計処理も認められることから、従前の取扱いによることも認められる。

# ② 基本通達の主要改正項目

### ①　収益の計上の単位の通則　（基通2-1-1：改正）

資産の販売等に係る収益の額は、原則として個々の契約ごとに計上するのであるが、契約に含まれる履行義務ごとに収益を計上することができる。

### ②　資産の販売等に伴い保証を行った場合の収益の計上の単位
（基通2-1-1の3：新設）

資産の販売等に伴いその販売若しくは譲渡する資産又は提供する役務に対する保証を行った場合において、当該保証がその資産又は役務が合意された仕様に従っているという保証のみであるときは、当該保証は別の履行義務として認識しない。

③　**ポイント等を付与した場合の収益の計上の単位**

(基通2-1-1の7：新設)

資産の販売等に伴い、自己発行ポイント等を相手方に付与する場合において、当該自己発行ポイント等について要件を満たせば、別の履行義務として識別し、前受けとすることができる。

④　**資産の販売等に係る収益の額に含めないことができる利息相当部分**

(基通2-1-1の8：新設)

資産の販売等を行った場合において、当該資産の販売等に係る契約に金銭の貸付けに準じた取引が含まれていると認められるときは、当該取引に係る利息相当額を当該資産の販売等に係る収益の額に含めないことができる。

⑤　**資産の引渡しの時の価額等の通則**　(基通2-1-1の10：新設)

「販売若しくは譲渡をした資産の引渡しの時における価額又はその提供をした役務につき通常得るべき対価の額に相当する金額」とは、原則として資産の販売等につき第三者間で取引されたとした場合に通常付される価額をいう。

⑥　**変動対価**　(基通2-1-1の11：新設)

資産の販売等に係る契約の対価について、値引き等の事実により変動する可能性がある部分の金額（以下「変動対価」という）がある場合において、変動対価につき引渡し等事業年度の確定した決算において収益の額を減額し、又は増額して経理した金額（申告調整も含む）は、引渡し等事業年度の引渡し時の価額等の算定に反映するものとする。

⑦　**相手方に支払われる対価**　(基通2-1-1の16：新設)

資産の販売等に係る契約において、相手方に対価が支払われることが条

件となっている場合には、引渡しの日又は支払日のうちいずれか遅い日の属する事業年度においてその対価の額に相当する金額を当該事業年度の収益の額から減額する。

## ⑧　検針日による収益の帰属の時期　（基通2-1-4：改正）

ガス、水道、電気等の販売をする場合において、週、旬、月を単位とする規則的な検針に基づき料金の算定が行われ、法人が継続してその検針が行われた日において収益計上を行っているときは、当該検針が行われた日は、その引渡しの日に近接するものとする。

## ⑨　役務の提供に係る収益の帰属の時期の原則

（基通2-1-21の２及び2-1-21の３：新設）

役務の提供に係る収益の額は、その役務の提供が、履行義務が一定の期間にわたり充足されるものに該当する場合には、役務の提供の期間において履行義務が充足されていくそれぞれの日の属する事業年度の益金の額に算入し、履行義務が一時点で充足されるものに該当する場合には、引渡し等の日の属する事業年度の益金の額に算入する。

## ⑩　履行義務が一定の期間にわたり充足されるものに係る収益の額の算定の通則　（基通2-1-21の５：新設）

履行義務が一定の期間にわたり充足されるものに係るその履行に着手した日の属する事業年度から引渡し等の日の属する事業年度の前事業年度までの各事業年度の所得の金額の計算は、進捗度を用いていわゆる従来の工事進行基準による。

## ⑪　請負に係る収益の帰属の時期　（基通2-1-21の７：新設）

請負による収益の額は、原則として引渡し等の日の属する事業年度の益金の額に算入するが、当該請負が履行義務が一定の期間にわたり充足されるものに該当する場合において、その履行義務が充足されていくそれぞれの日の属する事業年度において進捗度に応じて算定される額を益金の額に算入しているときは、これを認める。

⑫　**知的財産のライセンスの供与に係る収益の帰属の時期**

（基通2-1-30：新設）

　知的財産のライセンスの供与に係る収益の額については、次に掲げる知的財産のライセンスの性質に応じ、それぞれ次に定める取引に該当するものとする。

（1）　ライセンス期間にわたり存在する法人の知的財産にアクセスする権利：履行義務が一定の期間にわたり充足されるもの

（2）　ライセンスが供与される時点で存在する法人の知的財産を使用する権利：履行義務が一時点で充足されるもの

⑬　**知的財産のライセンスの供与に係る売上高等に基づく使用料に係る収益の帰属の時期**　（基通2-1-30の4：新設）

　知的財産のライセンスの供与に対して受け取る売上高又は使用量に基づく使用料は、相手方が売上高を計上する日又は役務の全部又は一部を完了する日のうちいずれか遅い日の属する事業年度において収益を計上する。

⑭　**工業所有権等の使用料の帰属の時期**　（基通2-1-30の5：改正）

　基本通達2-1-21の2及び2-1-21の3並びに2-1-30の4にかかわらず、工業所有権等又はノウハウを他の者に使用させたことにより支払いを受ける使用料の額について、法人が継続して契約によりその使用料の額の支払いを受けることとなっている日において収益計上を行っている場合には、当該支払いを受けることとなっている日は、その役務の提供の日に近接する日に該当するものとする。

⑮　**商品引換券等の発行に係る収益の帰属の時期**　（基通2-1-39：改正）

　商品引換券等を発行するとともにその対価の支払いを受ける場合における当該対価の額は、原則としてその商品の引渡し等に応じてその商品の引渡し等のあった日の属する事業年度の益金の額に算入する。

　その商品引換券等の発行の日から10年経過日等の属する事業年度終了の時において商品の引渡し等を完了していない商品引換券等がある場合に

は、当該商品引換券等に係る対価の額を当該事業年度の益金の額に算入する。

　※自己発行ポイント等の付与に係る収益の帰属の時期についても同様である（基通2-1-39の3：新設）。

⑯　**非行使部分に係る収益の帰属の時期**　（基通2-1-39の2：新設）

　商品引換券等に係る権利のうち相手方が行使しないと見込まれる部分の金額（非行使部分）があるときは、その商品引換券等の発行の日から10年経過日等の属する事業年度までの各事業年度においては、権利行使割合に比例して収益に計上することができる。

⑰　**返金不要の支払いの帰属の時期**　（基通2-1-40の2：新設）

　資産の販売等に係る取引を開始するに際して、相手方から中途解約のいかんにかかわらず取引の開始当初から返金が不要な支払いを受ける場合には、原則としてその取引の開始の日の属する事業年度の益金の額に算入する。ただし、当該返金が不要な支払いが、契約の特定期間における役務の提供ごとに、それと具体的な対応関係をもって発生する対価の前受けと認められる場合において、その支払いを当該役務の提供の対価として、継続して当該特定期間の経過に応じてその収益の額を益金の額に算入しているときは、これを認める。

# ③ 新会計基準と改正基本通達との対応関係

　ここでは両者の相関関係を概観するにとどめ、個別対応についての詳しい説明は**第3章**で述べる。

　新会計基準における収益認識の基本原則は次のようである（基準17項）。

【図表－11】　収益認識の基本原則

| ステップ1 | 顧客との契約を識別する | 収益認識の 単位決定 |
|---|---|---|
| ステップ2 | 契約における履行義務を識別する | |
| ステップ3 | 取引価格を決定する | 収益の 額の算定 |
| ステップ4 | 履行義務に取引価格を配分する | |
| ステップ5 | 各履行義務の充足時に収益を認識する | 収益認識 時点の決定 |

【図表－12】　新会計基準の規定と改正基本通達の規定

| 項目 | 新会計基準の規定 | 改正基本通達の規定 |
|---|---|---|
| 収益認識の単位決定 | ・契約の識別（基準19～26）<br>・契約の結合（基準27）<br>・契約変更（基準28～31）<br>・履行義務の識別（基準32、33）<br>・別個の財又はサービス（基準34） | ・収益の計上単位の通則（基通2-1-1）<br>・収益計上単位の具体的取扱い（基通2-1-1の2～2-1-1の9）以下<br>①機械設備等の販売に伴う据付工事、②資産の販売等に伴う保証、③部分完成、④役務技術の提供、⑤ノウハウの頭金等、⑥ポイント等を付与、⑦利息相当部分、⑧割賦販売と利息相当部分 |
| 収益の額の算定 | ・取引価格の算定（基準46～49）<br>・変動対価（基準50～55）<br>・契約における重要な金融要素（基準56～58）<br>・現金以外の対価（基準59～62）<br>・顧客に支払われる対価（基準63、64）<br>・履行義務への取引価格の配分（基準65～69）<br>・値引きの配分（基準70、71）<br>・変動対価の配分（基準72、73）<br>・取引価格の変動（基準74～76） | ・資産の引渡しの時の価額等の通則（基通2-1-1の10）<br>・変動対価（基通2-1-1の11）<br>・収益の額の具体的取扱い（基通2-1-1の12～2-1-1の16）以下<br>①売上割戻し、②一定期間支払わない売上割戻し、③実質的に利益を享受することの意義、④値増金、⑤相手方に支払われる対価 |

| 収益認識時点の決定 | ・履行義務の充足による収益の認識（基準35〜37）<br>・一定の期間にわたり充足される履行義務（基準38）<br>・一時点で充足される履行義務（基準39、40）<br>・履行義務の充足に係る進捗度（基準41〜45） | ・棚卸資産の引渡しの日の判定（基通2-1-2）<br>・委託販売に係る収益の帰属時期（基通2-1-3）<br>・検針日による収益の帰属時期（基通2-1-4）<br>・役務の提供に係る収益計上時期の通則（基通2-1-21の2〜2-1-21の6）以下<br>①履行義務が一定の期間にわたり充足されるものに係る収益の帰属の時期<br>②履行義務が一時点で充足されるものに係る収益の帰属時期<br>③履行義務が一定の期間にわたり充足されるもの<br>④履行義務が一定の期間にわたり充足されるものに係る収益の額の算定<br>⑤履行義務の充足に係る進捗度<br>・役務の提供に係る収益計上時期の具体的な取扱い（基通2-1-21の7〜2-1-21の11）以下<br>①請負に係る収益の帰属の時期、②建設工事等の引渡しの日の判定、③不動産の仲介あっせん報酬の帰属の時期、④技術役務の提供に係る報酬の帰属の時期、⑤運送収入の帰属の時期 |

　同時に適用される新会計基準の適用指針は、新会計基準第29号の規定の適用を助けるために設けられているが、同基準の付録的な存在意義として、種々の特定状況・特定取引についての会計処理基準を示している。さらに、わが国の実務上のコンセンサスを考慮した取扱い等を定めている。

〈特定の状況又は特定の取引における取扱い〉

ⅰ）財又はサービスに対する保証

ⅱ）本人と代理人の区分

ⅲ）追加の財又はサービスを取得するオプションの付与

ⅳ）顧客により行使されない権利（非行使部分）

ⅴ）返金が不要な契約における取引開始日の顧客からの支払い

ⅵ）ライセンスの供与

ⅶ）買戻契約

ⅷ）委託販売契約

ⅸ）請求済未出荷契約

ⅹ）顧客による検収

ⅺ）返品権付きの販売

　改正基本通達は新会計基準適用指針の「特定の状況又は取引における取扱い」に対応した規定を設けている。

　以下の表は両者の対応関係表である。

【図表－13】　新会計基準適用指針と改正基本通達対応表

| 新会計基準適用指針の規定 | 改正基本通達の規定 |
|---|---|
| ・財又はサービスに対する保証（指針34〜38） | ・資産の販売等に伴い保証を行った場合の収益の計上の単位（基通2-1-1の3） |
| ・本人と代理人の区分（指針39〜47） | － |
| ・追加の財又はサービスを取得するオプションの付与（指針48〜51） | ・ポイント等を付与した場合の収益の計上単位（基通2-1-1の7）<br>・自己発行ポイント等の付与に係る収益の帰属の時期（基通2-1-39の3） |
| ・顧客により行使されない権利（非行使部分）（指針52〜56） | ・商品引換券等の発行に係る収益の帰属の時期（基通2-1-39）<br>・非行使部分に係る収益の帰属の時期（基通2-1-39の2） |

| | |
|---|---|
| ・返金が不要な契約における取引開始日の顧客からの支払い（指針57〜60） | ・返金不要の支払いの帰属の時期（基通2-1-40の2） |
| ・ライセンスの供与（指針61、62）<br>・企業の約束の性質の判定（指針63〜66）<br>・売上高又は使用量に基づくロイヤルティ（指針67、68） | ・知的財産のライセンスの供与に係る収益の帰属の時期（基通2-1-30）<br>・工業所有権等の実施権の設定に係る収益の帰属の時期（基通2-1-30の2）<br>・工業所有権等の譲渡に係る収益の帰属時期（基通2-1-16）<br>・ノウハウの頭金等の収益の計上単位（基通2-1-1の6）<br>・ノウハウの頭金等の帰属の時期（基通2-1-30の3）<br>・知的財産のライセンスの供与に係る売上高又は使用量に基づく使用料に係る収益の帰属の時期（基通2-1-30の4）<br>・工業所有権等の使用料の帰属の時期（基通2-1-30の5） |
| ・買戻契約（コール・オプション）（指針69〜71）<br>・プット・オプション（指針72〜74） | — |
| ・委託販売契約（指針75、76） | ・委託販売に係る収益の帰属時期（基通2-1-3） |
| ・請求済未出荷契約（指針77〜79） | — |
| ・顧客による検収（指針80〜83） | — |
| ・返品権付きの販売（指針84〜89） | — |

# ④ 改正基本通達の体系及び新旧対応

　改正後の基本通達は、新会計基準、同適用指針に対応した改正部分と、税法独自のルールとして残された改正なしの通達又は一部改正の通達から構成されている。あるいは改正前の通達で、改正後は削除されているものが、改正後の規定に引っ越しして生きているものもある。

　改正前の基本通達は、下記のように収益の源泉別にそれぞれ計上時期や計上金額が定められていた。

- 第1節　収益等の計上に関する通則
  - 第1款　棚卸資産の販売による収益
  - 第2款　請負による収益
  - 第3款　固定資産の譲渡等による収益
  - 第4款　短期売買商品の譲渡による損益
  - 第5款　有価証券の譲渡による損益
  - 第6款　利子、配当、使用料等に係る収益
  - 第7款　その他の収益等

　改正後の基本通達の体系は、【図表－12】に示したように、原則として新会計基準の収益認識手続きのステップに基づいて組まれている。

- 第1節　収益等の計上に関する通則
  - 第1款　資産の販売等に係る収益計上に関する通則
    - 収益認識の単位を決定（通則及び具体的取扱い）
    - 収益の額の算定（通則及び具体的取扱い）
  - 第1款の2　棚卸資産の販売に係る収益、第2款　固定資産の譲渡に係る収益及び第3款　役務の提供に係る収益
    - 収益計上時期の決定（通則及び具体的取扱い）
      棚卸資産、固定資産、役務の提供
  - 第6款　利子、配当、使用料等に係る収益及び第7款　その他の収益等
    - その他の収益等（新会計基準適用指針に対応）
      収益計上の具体的取扱い
  - ＊第4款及び第5款は原則として従来と同じで改正なし。

　改正後の通達を、新会計基準の規定の骨組みを意識しながら体系化し、旧基本通達との関連を一覧できるものにした。一覧表を作成するに当たり、国税庁ホームページ掲載の「収益等の計上に関する改正通達の構成及び新旧対応表」（国税庁2018年5月）を参考にしている。

第 2 章
収益認識に関する法人税法の改正

## 【図表－14】 改正基本通達の体系及び新旧対応

### 第 1 節 収益等の計上に関する通則

| 改正後基本通達 | 改正前基本通達 |
|---|---|
| **1．計上単位の通則** | |
| 通則（2-1-1） | 新設 |
| 具体的取扱い | |
| ・機械設備等の販売に伴い据付工事を行った場合の収益計上単位（2-1-1の2） | ・機械設備等の販売に伴い据付工事を行った場合の収益の帰属の時期の特例（2-1-10） |
| ・資産の販売に伴い保証を行った場合の収益の計上の単位（2-1-1の3） | ・新設 |
| ・部分完成の事実がある場合の収益の計上単位（2-1-1の4） | ・部分完成基準の収益の帰属時期の特例（2-1-9） |
| ・技術役務の提供に係る収益の計上単位（2-1-1の5） | ・技術役務の提供に係る報酬の帰属時期（2-1-12） |
| ・ノウハウの頭金等の収益の計上単位（2-1-1の6） | ・ノウハウの頭金等の帰属時期（2-1-17） |
| ・ポイント等を付与した場合の収益の計上単位（2-1-1の7） | ・新設 |
| ・資産の販売等に係る収益の額に含めないことができる利息相当部分（2-1-1の8） | ・新設 |
| ・割賦販売等に係る収益の額に含めないことができる利息相当部分（2-1-1の9） | ・長期割賦販売等に係る収益の額に含めないことができる利息相当部分（2-4-11） |
| **2．収益の額の通則** | |
| 通則 | |
| ・資産の引渡しの時の価額等の通則（2-1-1の10） | ・販売代金が確定していない場合の見積り（2-1-4） |
| | ・工事代金が確定していない場合の見積り（2-1-7） |
| ・変動対価（2-1-1の11） | ・新設 |
| 具体的取扱い | |
| ・売上割戻しの計上時期（2-1-1の12） | ・一部改正（2-5-1） |
| ・一定期間支払わない売上割戻しの計上時期（2-1-1の13） | ・一部改正（2-5-2） |

75

| | |
|---|---|
| ・実質的に利益を享受することの意義（2-1-1の14） | ・一部改正（2-5-3） |
| ・値増金の益金算入の額（2-1-1の15） | ・一部改正（2-1-8） |
| ・相手方に支払われる対価（2-1-1の16） | ・新設 |
| **3．収益計上時期**<br>**棚卸資産の販売に係る収益**<br>**具体的取扱い** | |
| ・棚卸資産の引渡しの日の判定（2-1-2） | ・棚卸資産の販売による収益の帰属時期（2-1-1）<br>・一部改正（2-1-2） |
| ・委託販売に係る収益の帰属時期（2-1-3） | ・一部改正（2-1-3） |
| ・検針日による収益の帰属時期（2-1-4） | ・棚卸資産の引渡しの日の判定（2-1-2） |
| **固定資産の譲渡等に係る収益**<br>**具体的取扱い** | |
| ・固定資産の譲渡に係る収益の帰属時期（2-1-14） | ・一部改正（2-1-14） |
| ・農地の譲渡に係る収益の帰属時期（2-1-15） | ・一部改正（2-1-15） |
| ・工業所有権等の譲渡に係る収益の帰属時期（2-1-16） | ・工業所有権等の譲渡等による収益の帰属時期（2-1-16） |
| **役務の提供に係る収益**<br>**通則** | |
| ・履行義務が一定の期間にわたり充足されるものに係る収益の帰属時期（2-1-21の2） | ・新設 |
| ・履行義務が一時点で充足されるものに係る収益の帰属時期（2-1-21の3） | ・新設 |
| ・履行義務が一定の期間にわたり充足されるもの（2-1-21の4） | ・新設 |
| ・履行義務が一定の期間にわたり充足されるものに係る収益の額の算定の通則（2-1-21の5） | ・新設 |
| ・履行義務の充足に係る進捗度（2-1-21の6） | ・新設 |

## 具体的取扱い

| | |
|---|---|
| ・請負に係る収益の帰属時期（2-1-21の 7 ） | ・一部改正（2-1-5）<br>・部分完成基準による収益の帰属時期（2-1-9） |
| ・建設工事等の引渡しの日の判定（2-1-21の 8 ） | ・一部改正（2-1-6） |
| ・不動産の仲介あっせん報酬の帰属時期（2-1-21の 9 ） | ・一部改正（2-1-11） |
| ・技術役務の提供に係る報酬の帰属時期（2-1-21の10） | ・一部改正（2-1-12） |
| ・運送収入の帰属時期（2-1-21の11） | ・一部改正（2-1-13） |
| ・固定資産を譲渡担保に供した場合（2-1-18） | ・改正なし（2-1-18） |
| ・共有地の分割（2-1-19） | ・改正なし（2-1-19） |
| ・法律の規定に基づかない区画形質の変更に伴う土地の交換分合（2-1-20） | ・改正なし（2-1-20） |
| ・道路の付替え（2-1-21） | ・改正なし（2-1-21） |

## その他の収益

| | |
|---|---|
| ・知的財産のライセンスの供与に係る収益の帰属時期（2-1-30） | ・新設 |
| ・工業所有権等の実施権の設定に係る収益の帰属時期（2-1-30の 2 ） | ・工業所有権等の譲渡等に係る収益の帰属時期（2-1-16） |
| ・ノウハウの頭金等の帰属時期（2-1-30の 3 ） | ・一部改正（2-1-17） |
| ・知的財産のライセンスの供与に係る売上高等に基づく使用料に係る収益の帰属時期（2-1-30の 4 ） | ・新設 |
| ・工業所有権等の使用料の帰属時期（2-1-30の 5 ） | ・一部改正（2-1-30） |
| ・商品引換券等の発行に係る収益の帰属時期（2-1-39） | ・一部改正（2-1-39） |
| ・非行使部分に係る収益の帰属時期（2-1-39の 2 ） | ・新設 |
| ・自己発行ポイント等の付与に係る収益の帰属時期（2-1-39の 3 ） | ・新設 |
| ・返金不要の支払いの帰属時期（2-1-40の 2 ） | ・新設 |

＊固定資産の譲渡に係る収益計上時期に関する旧通達2-1-5〜2-1-13は新通達では削除されたが、他の通達に移動している。

＊「短期売買商品の譲渡に係る損益」「有価証券の譲渡に係る損益」及び「その他の収益等」は通達の改正はされていないが、新会計基準の適用範囲外項目は体系から除外してある。

第 3 節

# 消費税の取扱い

　法人税法の改正、同基本通達の改正により、法人税の取扱いは新会計基準を容認している。新会計基準と同様の要件を基本通達の条文上に示し、新会計基準の収益認識を原則とするものと、原則は改正前の通達の規定と同じにし、特例として認めるとするものの2種類の容認である。

　基本的に会計と法人税では差異は生じないといえる。

＊　　　　　　　　＊

　消費税については、2018年度改正で「資産の譲渡等」についての法令改正は行われていない。また、資産の譲渡等の時期を示した通達も見直されていない。消費税の取扱いは従前どおりである。

　本著では新会計基準と消費税の関係を命題にしていないので、詳述はしないが、収益計上すなわち課税についての根本である「収益計上単位（課税単位）」及び「収益計上時期（課税時期）」についてのみ、新会計基準、法人税の取扱い及び消費税の取扱いの差異を述べておきたい。

　基本的には、新会計基準と消費税は泣き別れ状態であることをいい添えて置く。

## 1 収益計上単位

　もともと、法人税は経済的利益が及ぶ期間に対応させて認識するものであるが、消費税は一取引を課税の単位とするものである。

　新会計基準は履行義務を収益の計上単位としている。これこそが当該収

79

益認識基準の最大の特徴である。

　法人税も原則としては個々の契約ごとに収益を計上するが、一定の要件に該当する場合（新会計基準の要件と同じ）は、履行義務を収益計上単位にすることができると改正された。

　消費税は取扱いを変更しておらず、従来どおり、原則として「取引単位」で収益を計上する。

　新会計基準（履行義務単位）＝法人税の取扱い≠消費税の取扱い

---

**【事例】 1つの契約に2つの履行義務が含まれている場合**

・当期に100万円の機械を販売し、2年間の保守サービス20万円を付す契約をし、取引対価120万円を受領した。

・当期及び翌期の収益計上額

|  | 当 期 | 翌 期 |
|---|---|---|
| 新会計基準 | 110万円（100＋10） | 10万円 |
| 法人税の取扱い | 110万円（100＋10） | 10万円 |
| 消費税の取扱い | 120万円 | 0 |

---

　ただし、機械設備の販売とその機械設備の据付工事を一括して契約しているような混合契約で、据付工事の対価を区分することができる場合は、それぞれについて収益を認識することができるという取扱いはある（消基通9-1-9）。この場合は新会計基準、法人税、消費税の処理は一致することになる。

---

**（参考）消費税法基本通達9-1-9**

　事業者が機械設備等の販売（略）をしたことに伴いその据付工事を行った場合において、その据付工事が相当の規模のものであり、その据付工事に

係る対価の額を契約その他に基づいて合理的に区分することができるとき
は、機械設備等に係る販売代金の額と据付工事に係る対価の額とを区分して、
それぞれにつき資産の譲渡等を行ったものとすることができるものとする。
　（注）　事業者がこの取扱いによらない場合には、据付工事に係る対価の
　　　　　額を含む全体の販売代金の額を対価とする資産の譲渡となり、その
　　　　　資産の譲渡等の時期は9-1-1による。

# ② 収益の計上時期

　新会計基準、法人税、消費税の三者の関係で、乖離が顕著に表れるのは、
一定期間にわたり収益を認識する取引である。

　新会計基準では、以下の①から③の要件のいずれかを満たす場合は、「一
定の期間にわたり充足される履行義務」と判定し、履行義務に係る進捗度
を見積もって、進捗度に基づき収益を一定の期間にわたり認識するとしてい
る（基準38項、41項）。（**第1章、第3章**の該当箇所参照）

①　企業が顧客との契約における義務を履行するにつれて、顧客が便益
　　を享受する。

②　企業が顧客との契約における義務を履行することにより、資産が生
　　じる又は資産の価値が増加し、当該資産が生じる又は当該資産の価値
　　が増加するにつれて、顧客が当該資産を支配する。

③　次の要件のいずれも満たす。

ⅰ）企業が顧客との契約における義務を履行することにより、別の用
　　　途に転用することができない資産が生じる。

ⅱ）企業が顧客との契約における義務の履行を完了した部分につい
　　　て、対価を収受する強制力のある権利を有している。

　法人税は、上記のような新会計基準の規定に対応して、役務の提供等に
ついて、一定期間にわたり収益を計上するための取扱いを設けた。履行義

【図表－15】　収益計上時期の相違比較

| | 法人税の取扱い | 消費税の取扱い |
|---|---|---|
| 役務の提供 | ・基通2-1-21の2　（新設）<br>　履行義務が一定の期間にわたり充足されるものは、一定の期間で収益計上。<br>・基通2-1-21の3　（新設）<br>　履行義務が一定の期間にわたり充足されるもの以外のものは、引渡し等の日に収益計上。 | ・国税通則法第15条②七<br>　消費税の納税義務は課税資産の譲渡等をした時に成立する。役務の提供については、原則、目的物の全部を完成して引き渡した日又は役務の全部を完了した日が資産の譲渡等をした時に該当する。 |
| 請負 | ・基通2-1-21の7　（新設）<br>　上記通達にかかわらず、原則、引渡し等の日に収益計上。<br>　ただし、履行義務が一定の期間にわたり充足されるものは、一定期間にわたる収益計上もできる。 | ・消費税法基本通達9-1-5<br>　物の引渡しを要するものはその目的物の全部を完成して相手方に引き渡した日、物の引渡しを要しないものは約束した役務の全部を完了した日が資産の譲渡等の時期となる。 |
| 工事契約 | ・法人税法第64条①②<br>　一定の要件を満たす長期大規模工事については工事進行基準を強制的に適用。<br>　長期大規模工事以外も工事進行基準を任意に選択できる。 | ・消費税法第17条①②<br>・消費税法基本通達9-4-1、2<br>　法人税で工事進行基準を適用していれば、消費税においても工事進行基準により資産の譲渡等があったものとすることができる。 |

務が一定の期間にわたり充足されるものに該当するかどうかの判定要件も新会計基準と同様の規定が設けられている（基通2-1-21の4）。

　収益計上時期についても、新会計基準と法人税の取扱いは同じとなった。


　消費税は従来からの取扱いを変更していない。収益計上の時期について、新会計基準及び法人税の取扱いと乖離が生じる可能性がある。

　法人税と消費税の収益計上時期は【図表－15】のようである。

**（イメージ図）**

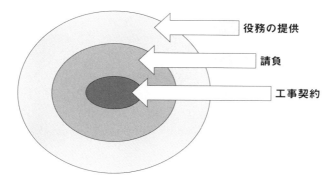

　国税庁では、改正通達の公表と併せ、新会計基準に沿って会計処理を行った場合に、会計、法人税、消費税のいずれかの処理が異なる事例も公表した。仕訳を使って、まずは典型的な以下の6事例における差異を明らかにしたものだが、処理が異なることの事例について、引き続き適宜公表していくとしている。

---
ケース1⇨自社ポイントの付与（論点：履行義務の識別）
ケース2⇨契約における重要な金融要素（論点：履行義務の識別）
ケース3⇨割戻を見込む販売（論点：変動対価）
ケース4⇨返品権付き販売（論点：変動対価）
ケース5⇨商品券等（論点：非行使部分）
ケース6⇨消化仕入（論点：本人・代理人）

---

　これらの事例については、**第3章**において適宜紹介していくので参照されたい（ケース6については第1章「代理人」の項で紹介）。

第 **3** 章

# 新会計基準に
# 対応する
# 改正基本通達

　　この章においては、新会計基準の規定に、基本通達はどのように対応すべく改正されたかを、具体的な項目ごとに詳細に検討してみよう。

　　できるだけ取引事例を用いながら、必要な事例については消費税の扱いにも触れたい。消費税法関連の法令は、新会計基準に対応した改正はなされていないので、現行の消費税法の取扱いによる。

# 第 1 節

## 改正基本通達の読み方

　改正基本通達は新会計基準の適用に対応できるように新設された項目や一部改正された項目が含まれている。基本通達の条文に「平成30年３月30日付企業会計基準第29号『収益認識に関する会計基準』（以下、収益認識基準という）の適用対象となる取引に限る」という文言が現れる。

　収益認識基準に合わせ、基本通達に要件が示され、それらの要件を満たしているときは、新会計基準による会計処理をした場合は、法人税法もその処理を認めるという趣旨である。通達の表現としては「～できる」としているが、これは従来の処理と改正後の処理を任意に選択できるという意味ではない。

　一般に公正妥当な会計処理が行われた場合、法人税法の所得計算もこれを認める。これにより、新会計基準を適用する会社は、一部（返品や貸し倒れを取引価格に反映させない）を除き、法人税法上も会計と処理が一致し、原則として申告調整は必要なくなるということである。仮に、申告調整すれば恣意的な課税の操作となってしまう。

　例えば、基本通達2-1-1（収益計上の単位）においては、「収益の額は、原則として個々の契約ごとに計上する。ただし、次に掲げる場合に該当する場合には、それぞれ次に定めるところにより区分した単位ごとにその収益の額を計上することができる。」としている。

　「次に掲げる場合」、「それぞれ次に定めるところにより区分した単位」とは、新会計基準の収益認識単位すなわち履行義務を意味している。新会

87

計基準の収益認識単位「履行義務」で収益計上できると規定している。

　留意すべき重要なことは、新会計基準による会計処理を行った場合は、法人税法上もこの処理を認めたということであり、任意の収益計上単位を選択できるということではない。申告調整で「契約単位」で益金算入することはできない。

---

　　【基本通達の「できる」規定の例示】

　・2-1-1 （収益の計上の単位の通則）

　・2-1-1の7 （ポイント等を付与した場合の収益の計上の単位）

　・2-1-1の8 （資産の販売等に係る収益の額に含めないことができる利息相当部分）

　・2-1-39の2 （非行使部分に係る収益の帰属の時期）

---

　法人税法第22条の2第3項も、公正妥当な会計処理を行った場合は、収益の計上日を、申告調整で他の日の属する事業年度の益金に算入することはできないという規定も、同様の趣旨の法人税法のルールである。

# 第 2 節 履行義務

　新会計基準の大きな特徴である「履行義務」は、収益の計上単位、計上時期及び計上額について関連する新たな概念である。改正基本通達はこの新しい概念を取り入れた形で整備されている。新会計基準においても、法人税法においても履行義務は収益認識の単位である。

## ア．履行義務の定義

**新会計基準**

　「履行義務」とは、顧客との契約において、次のいずれかを顧客に移転する約束をいう（基準7項）。

① 別個の財又はサービスあるいは別個の財又はサービスの束
② 一連の別個の財又はサービス（特性が実質的に同じであり、顧客への移転のパターンが同じである複数の財又はサービス）

　「顧客への移転のパターンが同じである」とは、ⅰ）一連の別個の財又はサービスのそれぞれが、一定の期間にわたり充足される履行義務の要件を満たすこと、ⅱ）履行義務の進捗度の見積りに同一の方法が使用されることの条件が満たされた場合をいう（基準33項）。例えば、清掃サービス契約のように、同質のサービスが反復的に提供される契約等。

**税法の対応**

　基本通達2-1-1（収益の計上の単位の通則）の本文に「履行義務」別と

表現されており、履行義務は新会計基準第7項に定める履行義務をいうとしている。以下2-1-21の7（請負に係る収益の帰属の時期）までにおいて適用されている。


## イ．履行義務の識別

**新会計基準**

　収益の認識は契約ごとに行われるわけではない。契約の中の履行義務を識別し、履行義務ごとに収益は認識される。

　したがって、契約により約束した財又はサービスがいくつ識別できるか、すなわち履行義務がいくつ識別できるかが本会計基準の肝といってもいい部分なのである。

　約束した財又はサービスが、以下の要件のいずれも満たす場合は、別個の履行義務であるとされている（基準34項）。

① 顧客がその財又はサービスからの便益を、それ単独で得ることができること、あるいは、当該財又はサービスと顧客が容易に利用可能な他の資源と組み合わせて顧客が便益を享受することができること

② 当該財又はサービスを顧客に移転する約束が、契約に含まれる他の約束と区分して識別可能であること

---
**【別個の履行義務の例】**

　ソフトウェアの開発業者が、ソフトウェア・ライセンスを移転し、インストール・サービスを行い、不特定のアップデート及び2年間のテクニカル・サポートを提供する契約を顧客と締結する。企業は、ライセンス、インストール・サービス、テクニカル・サポートを独立して販売している。インストール・サービスは他の企業が日常的に行っており、ソフトウェアを著しく改変するものではない。ソフトウェアは、他の財又はサービスの前に引き渡され、アップデートとテクニカル・サポートがなくても機能し続ける。

顧客は財又はサービスのそれぞれから単独又は容易に利用可能な他の財
又はサービスと組み合わせて便益を得ることができる。

**税法の対応**

（基本通達2-1-1(2)）

　一つの契約の中に複数の履行義務が含まれている場合、それぞれの履行
義務に係る資産の販売等の収益の額を計上することができる。

## ウ．履行義務の充足

**新会計基準**

　企業は約束した財又はサービスを顧客に移転することによって履行義務
を充足した時又は充足するにつれて、収益を認識する。資産が移転するの
は、顧客が当該資産に対する支配を獲得した時、又は獲得するにつれてで
ある（基準35項）。

　「資産に対する支配」とは、当該資産の使用を指図し、当該資産からの
残りの便益のほとんどすべてを享受する能力をいう（基準37項）。

　企業は、履行義務を一定の期間にわたり充足するのか、それとも一時点
で充足するのかを決定しなければならない（基準36項）。

**税法の対応**

（基本通達2-1-2〜4、2-1-21の3）

　一時点で充足される履行義務として、棚卸資産の販売等に係る収益の帰
属の時期について規定しているが、その要件は新会計基準における決定要
件を考慮している。又、役務の提供のうち履行義務が一時点で充足される
ものについて規定している。

（基本通達2-1-21の2、2-1-21の4）

　履行義務が一定の期間にわたり充足されるものに係る収益の帰属の時期

について、法人税法第64条第1項、第2項の定める長期大規模工事等を除き、新会計基準の適用対象となる取引に適用されるとしている。

　詳細は後述の該当する項目の箇所で述べる。

第 3 節

# 収益の計上の単位

## 1 通 則

**新会計基準**

　収益の計上の単位は履行義務である。

　同一の顧客又は顧客の関連当事者と同時又はほぼ同時に締結した複数の契約について、次のいずれかに該当する場合には、契約を結合し単一の契約とみなして会計処理する（基準27項）。

① 当該複数の契約が同一の商業的目的を有するものとして交渉されたこと

② 一つの契約において支払われる対価の額が、他の契約の価格又は履行により影響を受けること

③ 複数の契約において約束した財又はサービスが単一の履行義務となること

　例えば、企業が顧客Ａとシステム開発の設計契約を締結し、ほぼ同時にＡとシステムの開発テスト契約を締結した場合、二つの契約を結合し単一の契約とする。上記①と②の要件を満たしている。

　結合した契約には、設計と開発テストの履行という二つの履行義務があるので、それぞれに取引価格を配分する。

93

### 税法の対応

**（基本通達2-1-1⇨収益の計上の単位の通則）新設**

収益の額は原則として個々の契約ごとに計上するのであるが、ただし、次の場合は、それぞれ区分した単位ごとに収益の額を計上することができる。

当該規定を適用する場合は、同様の資産の販売等に係る契約については継続して適用することが求められる（同(注)3）。

(1)　複数の契約において約束した取引を結合して初めて単一の履行義務となる場合は、その結合した単位（例：工事契約）

　　関連規定として**基本通達2-4-14**は長期大規模工事に該当するかどうかの判定単位が設けられている。判定はその結合した単位により行うとされている。

(2)　一つの契約の中に複数の履行義務が含まれている場合は、それぞれの履行義務に係る資産の販売等

当該基本通達のただし書きの適用を受ける要件として(注)が設けられているが、そこに書かれていることは、まさに新会計基準に定められている要件である。

(注)1(1)　当該複数の契約が同一の商業目的を有するものとして交渉されたこと。例えば、工場の建設と同一敷地内の倉庫の建設の請負が別々の請負であっても、その目的は工場の建設であるから単一の契約として収益を計上する場合。

　　(2)　一つの契約において支払いを受ける対価の額が、他の契約の価格又は履行により影響を受けること。例えば、機械設備の販売と保守サービスを別契約にしても、機械設備の販売契約と同時に契約するため、保守サービスの対価が通常よりも安くなるような場合。

## ② 工事契約及び受注制作のソフトウェアの収益認識の単位

### 新会計基準

工事契約については、当事者間で合意された実質的な取引の単位を反映するように複数の契約を結合した際の収益認識の時期及び金額と、当該複数の契約の結合要件に基づいて処理した（基準27項及び32項）時期及び金額との差異に重要性が乏しい場合は、当事者間で合意された実質的な取引の単位で収益を計上することができる（指針102項、174項、175項）。

当該複数の契約には、異なる顧客と締結した複数の契約や異なる時点に締結した複数の契約が含まれる。例えば、大型複合施設等の建設は、複数のテナント（顧客）との契約に該当する。

通常の工事契約を想定した場合、顧客には必要な様々な財又はサービス（インプット）を使用した結果生じる結合後の完成工事（アウトプット）を移転していると考えられる。工事契約においては、インプットであるそれぞれの個別の工事を独立して移転することが、完成工事を引き渡すことにはならない。例えば、配線工事等が内装工事の一部であり、工事の手順により相互に影響しあうといった場合である。

### 税法の対応

**（基本通達2-1-1（注）2）**

工事の請負契約について、当事者間で合意された実質的な取引の単位を反映するように複数の契約（異なる相手方と締結した複数の契約又は異なる時点に締結した複数の契約を含む）を結合した場合は、その結合した工事の組み合わせを計上単位とすることができるとしている。適用条件は、新会計基準と同様に、原則的な会計処理との差異に重要性が乏しい場合である。

**（参考）基本通達2-1-1**

　資産の販売若しくは譲渡又は役務の提供(略)に係る収益の額は、原則として個々の契約ごとに計上する。ただし、次に掲げる場合に該当する場合には、それぞれ次に定めるところにより区分した単位ごとにその収益の額を計上することができる。

(1)　同一の相手方及びこれとの間に支配関係その他これに準ずる関係のある者と同時期に締結した複数の契約について、当該複数の契約において約束した資産の販売等を組み合わせて初めて単一の履行義務（**収益認識基準第7項に定める履行義務**をいう。以下2-1-21の7までにおいて同じ。）となる場合　当該複数の契約による資産の販売等の組合せ

(2)　一の契約の中に複数の履行義務が含まれている場合　それぞれの履行義務に係る資産の販売等

　(注)1　同一の相手方及びこれとの間に支配関係その他これに準ずる関係のある者と同時期に締結した複数の契約について、次のいずれかに該当する場合には、当該複数の契約を結合したものを一の契約とみなしてただし書の(2)を適用する。

　　　⑴　当該複数の契約が同一の商業目的を有するものとして交渉されたこと。

　　　⑵　一の契約において支払を受ける対価の額が、他の契約の価格又は履行により影響を受けること。

　　　2　工事（製造及びソフトウエアの開発を含む。以下2-1-1において同じ。）の請負に係る契約について、次の(1)に区分した単位における収益の計上時期及び金額が、次の(2)に区分した単位における収益の計上時期及び金額に比してその差異に重要性が乏しいと認められる場合には、次の(1)に区分した単位ごとにその収益の額を計上することができる。

　　　⑴　当事者間で合意された実質的な取引の単位を反映するように複数の契約（異なる相手方と締結した複数の契約又は異なる時点に締結した複数の契約を含む。）を結合した場合のその複数の契約において約束した工事の組合せ

　　　⑵　同一の相手方及びこれとの間に支配関係その他これに準ずる関係のある者と同時期に締結した複数の契約について、ただし書の(1)又は(2)に掲げる場合に該当する場合（ただし書の(2)にあっ

ては、上記(注) 1 においてみなして適用される場合に限る。) に
おけるそれぞれただし書の(1)又は(2)に定めるところにより区分
した単位
3　一の資産の販売等に係る契約につきただし書の適用を受けた場
合には、同様の資産の販売等に係る契約については、継続してそ
の適用を受けただし書の(1)又は(2)に定めるところにより区分した
単位ごとに収益の額を計上することに留意する。

# ③ 機械設備等の販売に伴い据付工事を行った場合の収益の計上の単位

**新会計基準**

　単一契約に複数の財又はサービスが含まれており、契約書に対価の内訳
が明示されていない場合は、複数の履行義務として識別しなければならな
いか、あるいは、いくつかの別個の財又はサービスを統合した単一の履行
義務として識別するかを判断することになる（基準34項）。

　判定要素は二つあるが、当該事例に当てはめて検討してみる。

①　据付工事が他の企業もできる一般的なものである場合は、機械設備
等の販売とは独立した履行義務として識別され、この場合は、契約の
取引価格を各履行義務に配分し、機械設備等の販売は、顧客に支配が
移転する時点で収益認識し、据付工事はサービス提供完了時又はサー
ビスを提供する期間にわたり収益を認識することになる。

②　機械設備等の据付工事が、顧客の事情により、顧客向けに大幅な修
正やカスタマイズを加えるような複雑な作業では、機械設備販売と不
可分な単一の履行義務とされる可能性がある。

**税法の対応**

**（基本通達2-1-1の2⇨機械設備等の販売に伴い据付工事を行った場合の収益の計上の単位）新設（旧基本通達2-1-10に相当）**

　従来の取扱いの内容と同じ。

　機械設備等の販売をしたことに伴いその据付工事を行った場合、その据付工事が相当の規模のものであり、かつ、契約等により機械設備等の販売に係る対価の額が合理的に区分できるときは、区分した単位ごとに収益の額を計上すると規定されている。

　新会計基準第34項の定める要件にかかわらず、据付工事の規模と機械設備の販売価額が区分できるか否かで、複数（機械設備の引渡しと据付工事の履行）の履行義務それぞれを収益認識単位としている。仮に、据付工事が顧客向けにカスタマイズされている複雑な作業であったり、又は高度に専門的で一般的な他の工事業者ができないものであっても、据付工事単独で収益認識する場合が生じる。

---

　**（参考）基本通達2-1-1の2**

　　法人が機械設備等の販売をしたことに伴いその据付工事を行った場合（法第64条第1項《長期大規模工事の請負に係る収益及び費用の帰属事業年度》の規定の適用がある場合及び同条第2項《長期大規模工事以外の工事の請負に係る収益及び費用の帰属事業年度》の規定の適用を受ける場合を除く。）において、その据付工事が相当の規模のものであり、かつ、契約その他に基づいて機械設備等の販売に係る対価の額とその据付工事に係る対価の額とを合理的に区分することができるときは、2-1-1ただし書(2)に掲げる場合に該当するかどうかにかかわらず、その区分した単位ごとにその収益の額を計上することができる。

---

# 第3章
新会計基準に対応する改正基本通達

## 4 資産の販売等に伴い保証を行った場合の収益の計上単位

### 新会計基準

　財又はサービスに対する保証については、「保証型」と「サービス型」の二つに分けて会計処理が示されている。

### ア．保証型保証

　約束した財又はサービスが、合意された仕様に従っていることにより、意図したとおりに機能するという保証のみを顧客に提供するもの。財又はサービスの販売とそれらに対する保証は一体となっている単一の履行義務である。

　当該保証については、企業会計原則注解（注18）に定める引当金（製品保証引当金）として会計処理する（指針34項）。

### イ．サービス型保証

　約束した財又はサービスが、合意された仕様に従っているという保証に加えて、顧客にサービスを提供する保証。追加分の保証（保証サービス）を含む場合は、保証サービスは財又はサービスの提供とは別個の独立した履行義務であり、取引価格を財又はサービスと当該保証サービスに配分する（指針35項）。

### 税法の対応

**（基本通達2-1-1の3 ⇨ 資産の販売等に伴い保証を行った場合の収益の計上単位）新設**

　資産の販売等に伴いその販売若しくは譲渡する資産又は提供する役務に対する保証を行った場合において、当該保証がその資産又は役務が合意さ

99

れた仕様に従っているという保証のみであるときは、当該保証は当該資産の販売等とは別の取引の単位として収益の額を計上することにはならないことを留意的に明らかにしている。いわゆる、新会計基準における「保証型保証」の場合は、製品の販売と保証は単一の履行義務として取り扱うとしている。新会計基準と同じ考え方である。

---

**(参考) 基通2-1-1の3**

　法人が資産の販売等に伴いその販売若しくは譲渡する資産又は提供する役務に対する保証を行った場合において、当該保証がその資産又は役務が合意された仕様に従っているという保証のみであるときは、当該保証は当該資産の販売等とは別の取引の単位として収益の額を計上することにはならないことに留意する。

---

# ⑤ 部分完成の事実がある場合の収益計上の単位

**（新会計基準）** と **（基本通達2-1-1の4 ⇨ 部分完成の事実がある場合の収益計上の単位）**

　部分完成基準による収益の計上は、一個の建設工事等であっても、その建設工事等の一部が完成し、その完成した部分を引き渡した都度その割合に応じて工事代金を収入する旨の特約又は慣習がある場合は、完成した工事部分に対応する工事収入を、その事業年度の益金とするとされている。

　税法で認められてきた部分完成基準や出来高払基準については、請負工事の収益の計上時期の特別な取扱いである。事実、旧基本通達2-1-9（部分完成基準による収益の帰属時期の特例）がそのまま収益計上の単位のカテゴリーに移動してきたものである。

　新会計基準の収益認識の単位（履行義務の識別）に関する規定に直接該当するものはないが、両者の関連性はないのかを見てみる。

　税法において部分完成基準が認められる要件に当てはめて考えてみる

と、以下のように解釈できる。

**要件(1)**　一つの契約により、同種の建設工事等を多量に請け負ったような場合で、その引渡し量に従い工事代金を収入する旨の特約がある場合（基通2-1-1の4(1)）：

　例えば、住宅開発業者と特定の開発地に多量の建売住宅の建設契約を締結した場合、その1戸、1戸を完成の都度引き渡すことを約束していれば、建設する住宅の戸数だけ、あるいは、約束した引き渡す単位ごとに履行義務を識別できる。棚卸資産の販売の分割納入に近い。

**要件(2)**　一個の建設工事であっても、建設工事の一部が完成し、その完成した部分を引き渡した都度その割合に応じて工事代金を回収する旨の特約がある場合（基通2-1-1の4(2)）：

　一定の期間にわたり収益を認識する場合の収益の計上方法として、履行義務の充足に係る進捗度の測定に、アウトプット法を採用した場合と考えられる。

　部分完成基準による収益の計上に類似した計上方法が、受注制作のソフトウェア取引に見られる。特に原価見積りが困難なソフトウェア取引の収益認識について、成果物の完了条件として、成果物に対して顧客が意図した一定の機能を有していることの確認が行われることとしている。

　受注制作のソフトウェア取引において、一つのソフトウェア開発プロジェクトを幾つかの作業ごとのフェーズに分けて契約を締結し、各フェーズごとに検収を行う分割検収が見られる。ソフトウェア開発のフェーズの分け方は、各開発段階の完了という時系列的な分割と、例えば購買システムの完了、販売システムの完了というようなシステムの引渡しを伴う物的な分割方法がある。

　収益認識には、一定の機能を有する成果物の提供が完了し、その対価が確立することが必要である。そのため、契約が分割された場合であっても、一般的には最終フェーズが終了し、その機能が確認されることにより収益

認識されることになるが、最終的なフェーズ終了の前であっても、顧客との取引において、分割された契約の単位（フェーズ）の内容が一定の機能を有する成果物(注)の提供であり、かつ、顧客との間で納品日、入金条件等についての事前取り決めがあり、その対価が成立していれば、各フェーズにおいての収益認識は可能である。

（注）　例えば、顧客が使用できる一定のプログラム、設計書等の関連文書はそれ自体で使用する価値があると考えられる。

＊　　　　　　　　　　　　　＊

当該通達は新会計基準の適用に対応して新設されたものでもなく、内容の改正があったわけでもない。この部分は、公平な所得計算の観点から、税独自のルールを認めたものと考えられる。しかし、要件(1)(2)は新会計基準の履行義務の識別の考え方と矛盾しているとは言えない。

---

**（参考）基本通達2-1-1の4**

法人が請け負った建設工事等（建設、造船その他これらに類する工事をいう。以下2-1-21の8までにおいて同じ。）について次に掲げるような事実がある場合(略)には、その建設工事等の全部が完成しないときにおいても、2-1-1にかかわらず、その事業年度において引き渡した建設工事等の量又は完成した部分に区分した単位ごとにその収益の額を計上する。

(1)　一の契約により同種の建設工事等を多量に請け負ったような場合で、その引渡量に従い工事代金を収入する旨の特約又は慣習がある場合

(2)　1個の建設工事等であっても、その建設工事等の一部が完成し、その完成した部分を引き渡した都度その割合に応じて工事代金を収入する旨の特約又は慣習がある場合

---

# 6 技術役務の提供に係る収益の計上単位

**（新会計基準）と（基本通達2-1-1の5 ⇨技術役務の提供に係る収益計上単位）**

新会計基準第38項により、役務の提供は一定の期間にわたり充足され

る履行義務に該当する。したがって、一定の期間にわたり収益を認識する。

設計、作業の指揮監督、技術指導等の技術役務の提供においても同様である。契約上の履行義務をすべて履行するまでの期間において、進捗度に応じて収益を計上することになる。

当該通達も収益の計上単位のカテゴリーに属するよりも、計上時期のカテゴリーに入るのがふさわしいのではないか。当該通達は、部分的に改正はされているものの、旧基本通達では2-1-12（技術役務の提供に係る報酬の帰属の時期）とされていた。

しかし、新会計基準との整合性を考え、履行義務の充足の問題と考えれば、進捗度の測定方法の選択として説明できる。また、履行義務の識別問題とすれば、契約における約束した履行義務の単位と考えることができると思われる。

## 7 ノウハウの頭金等の収益の計上単位

ノウハウは知的財産の一つである。知的財産のライセンスの供与に係る収益の計上については、基本通達2-1-30（知的財産のライセンスの供与に係る収益の帰属の時期）において後述する。

## 8 ポイント等を付与した場合の収益の計上単位

**新会計基準**

商品やサービスの提供に付随して付与されるポイントは、顧客が追加的な財又はサービスを無料又は値引き価格で取得するオプションとして取り扱われる。このようなオプションは、販売インセンティブ、顧客特典ポイント、契約更新オプション、将来の値引き等がある。

このようなオプションのうち、契約を締結しなければ顧客が受け取れない重要な権利を顧客に提供されるものに限り、企業は契約における履行義務を認識しなければならない。このような履行義務が充足されていない時

103

点では、顧客はオプションの行使（将来の財又はサービスの提供を受けること）に対して企業に前払いをしているとされる。企業は、顧客がオプションを行使した時又はオプションの消滅時に収益を認識する（指針48項）。

ここで留意すべきは、当該オプションは、契約を締結することによって顧客に提供される重要な権利の場合のみである。「重要な権利」とは、例えば、当該財又はサービスについて、その顧客階層にその地域又は市場において通常与えられる範囲の値引きではなくその増分の値引きを受ける権利である。要するに、契約した顧客にのみ与える特別な特典を意味している（同項）。

オプションによる財又はサービスの提供は、顧客が元々の契約を締結しなければ受け取れない。企業は、当該契約を締結した時に、顧客が将来オプションを行使した時に追加的に財又はサービスを提供するという履行義務を負っている。すなわち、当該販売契約は、商品を顧客に引き渡す履行義務と、顧客がオプションを行使した時に財又はサービスを提供する履行義務の二つが識別される。

契約の取引価格を二つの履行義務に配分するために、独立販売価格を見積もらなければならない。オプションの独立販売価格が、直接に観察可能でない場合には、見積りを行うに当たり、顧客がオプションを行使した時に得ると見積もられる値引きについて、次の要素を反映させて独立販売価格を見積もる（指針50項）。

１）顧客がオプションを行使しなくても通常受けられる値引き

２）オプションが行使される可能性

---

【事例】ポイントを付与した場合

・当期の販売価格　５億円

・付与したポイント　５百万ポイント（＝５百万円）

・オプションの独立販売価格

> 1）顧客が通常受けられる値引きは0円
>
> 2）オプションの行使される可能性　4百万ポイント＝4百万円
>
> 　∴オプション5百万ポイントの独立販売価格は、4百万円と見積もる。
>
> ・商品の独立販売価格　500百万円
>
> ・独立販売価格比率によって算定された配分価格（仕訳金額単位：百万円）
>
> 　・商品496百万円 $= 500 \times \dfrac{500}{(500 + 4)}$
>
> 　・オプション4百万円 $= 500 \times \dfrac{4}{(500 + 4)}$
>
> ・当期：（仕訳）　現金預金　　500／売上高　　　496
>
> 　　　　　　　　　　　　　　　／繰延収益　　　4（契約負債）

　新会計基準では、物品の販売に係るポイントの付与を別個の履行義務として識別し（契約負債）、取引価格を物品の販売とポイントの付与に配分する。従来のようにポイント引当金処理は認められない。

　このような取引について、日本基準には定めはなく、一般的には顧客のポイント利用により将来負担すると見込まれる費用を引当金に計上する実務が見られる。

**・上記事例を従来の基準により会計処理した場合**

　ポイントを値引きとして使用すると仮定（金額単位：百万円）

　（仕訳）　現金預金　　500／売上高　　　　　　500

　　　　　　引当金繰入　　5／ポイント引当金　　5

**税法の対応**

**（基本通達2-1-1の7 ⇨ポイント等を付与した場合の収益の計上単位）**

　新会計基準に対応した通達が設けられた。

　その内容は、新会計基準の規定の趣旨と同じである。ポイントの付与を

商品等の販売義務とは別の履行義務として認めたことである。しかし、税法は課税の公平性、課税所得の安定性から、さらに厳格な要件を付している。

当該通達は、資産の販売等に伴い、自己発行ポイント等を相手方に付与する場合において、次に掲げる要件のすべてに該当するときは、継続適用を条件として、当該自己発行ポイント等について当初の資産の販売等とは別に、将来の取引に係る収入の一部又は全部の前受けとすることができることを明らかにしている。

① その付与した自己発行ポイント等が当初の資産の販売等の契約を締結しなければ相手方が受け取れない重要な権利を与えるものであること（重要な権利を与えるものに限定する要件）

② その付与した自己発行ポイント等が発行年度ごとに区分して管理されていること（区分管理の要件）

③ 法人がその付与した自己発行ポイント等に関する権利につきその有効期限を経過したこと、規約その他の契約で定める違反事項に相手方が抵触したこと、その他の当該法人の責に帰さないやむを得ない事情があること以外の理由により一方的に失わせることができないことが規約その他の契約において明らかにされていること（ポイントの権利を一方的に失権できない要件）

④ 次のいずれかの要件を満たすこと（その他の要件）

イ．その付与した自己発行ポイント等の呈示があった場合に値引き等をする金額が明らかにされており、かつ、将来の資産の販売等に際して、たとえ1ポイント又は1枚のクーポンの呈示があっても値引き等をすることとされていること

ロ．その付与した自己発行ポイント等が当該法人以外の者が運営するポイント等又は自ら運営する他の自己発行ポイント等で、イに該当するものと所定の交換比率により交換できることとされていること

①は新会計基準の要件と一致する。②及び③の要件は企業のポイントの管理体制として通常求められるものであるから問題ないが、④の要件はポイント制度の内容により、新会計基準と税法の間に相違が生じる可能性がある（後述）。

---

**（参考）基通2-1-1の7**

　法人が資産の販売等に伴いいわゆるポイント又はクーポンその他これらに類するもの(略)で、将来の資産の販売等に際して、相手方からの呈示があった場合には、その呈示のあった単位数等と交換に、その将来の資産の販売等に係る資産又は役務について、値引きして、又は無償により、販売若しくは譲渡又は提供をすることとなるもの(略)を相手方に付与する場合（不特定多数の者に付与する場合に限る。）において、次に掲げる要件の全てに該当するときは、継続適用を条件として、当該自己発行ポイント等について当初の資産の販売等(略)とは別の取引に係る収入の一部又は全部の前受けとすることができる。

(1)　その付与した自己発行ポイント等が当初資産の販売等の契約を締結しなければ相手方が受け取れない重要な権利を与えるものであること。

(2)　その付与した自己発行ポイント等が発行年度ごとに区分して管理されていること。

(3)　法人がその付与した自己発行ポイント等に関する権利につきその有効期限を経過したこと、規約その他の契約で定める違反事項に相手方が抵触したことその他の当該法人の責に帰さないやむを得ない事情があること以外の理由により一方的に失わせることができないことが規約その他の契約において明らかにされていること。

(4)　次のいずれかの要件を満たすこと。

　イ　その付与した自己発行ポイント等の呈示があった場合に値引き等をする金額(略)が明らかにされており、かつ、将来の資産の販売等に際して、たとえ1ポイント又は1枚のクーポンの呈示があっても値引き等をすることとされていること。

　　(注)　一定単位数等に達しないと値引き等の対象にならないもの、割引券（将来の資産の販売等の対価の額の一定割合を割り引くことを約する証票をいう。）及びいわゆるスタンプカードのよう

なものは上記イの要件を満たす自己発行ポイント等には該当し
　　　ない。
　ロ　その付与した自己発行ポイント等が当該法人以外の者が運営する
　　　ポイント等又は自ら運営する他の自己発行ポイント等で、イに該当
　　　するものと所定の交換比率により交換できることとされていること。
　（注）　当該自己発行ポイント等の付与について別の取引に係る収入
　　　の一部又は全部の前受けとする場合には、当初資産の販売等に
　　　際して支払を受ける対価の額を、当初資産の販売等に係る引渡
　　　し時の価額等(略)と、当該自己発行ポイント等に係るポイント
　　　等相当額とに合理的に割り振る。

# 9 資産の販売等に係る収益の額に含めないことができる利息相当部分

　新会計基準においては、収益の額の算定（取引価格の算定）の規定として定められているが、基本通達においては、収益計上単位のカテゴリーの中で具体的取扱いとして規定されている。

**新会計基準**

　契約の当事者が合意した（明示又は黙示）支払時期により、財又はサービスの顧客への移転に係る信用供与についての重要な便益が顧客又は企業に提供される場合は、顧客との契約は重要な金融要素を含むものとするとしている（基準56項）。

　重要な金融要素を含むか否かの判断には、ⅰ）約束した対価と現金販売価格との差額、ⅱ）財又はサービスの移転時と支払時点との期間の長さ及び関連する市場金利の金融要素を考慮しなければならない（指針27項）。

　次のような場合は、重要な金融要素を含まないものとする（指針28項）。

①　顧客が財又はサービスに対して前払いを行い、顧客の裁量により移転の時期が決まること

② 売上高に基づくロイヤルティのような対価である場合は、顧客が約束した対価のうち相当の金額に変動性があり、当該対価の金額又は時期が、顧客又は企業の支配が実質的に及ばない事象が発生すること又は発生しないことに基づき変動すること

③ 対価の額と現金販売価格との差額が信用供与以外の理由で生じている金額であること。例えば、企業が契約上の義務の一部又は全部を適切に完了できないことに対する保全のため、支払条件として支払いを留保する場合である。


重要な金融要素を含んでいる場合は、取引価格の算定に当たり、対価の額に含まれる金利相当分を調整し、財又はサービスに対して顧客が支払うと見込まれる現金販売価格を反映する金額で収益を認識する（基準57項）。

金融要素が重要かどうかの判断は、契約単位で行う（指針128項）。

約束した対価の額を調整するには、割引率を使用する。契約における取引開始日に、企業と顧客との間で独立した金融取引を行う場合に適用されると見積もられる割引率である。以後、金利の変動や顧客の信用リスクの評価の変動等について割引率を見直さない（指針29項）。

割引率は約束した対価の現在価値が、財又はサービスが顧客に移転される時の現金販売価格と等しくなるような利率である。

約束した財又はサービスを顧客に移転する時点と顧客が支払う時点の間が1年以内であると見込まれる場合は、重要な金融要素の影響を考慮せずに対価の額を算定できる（基準58項）。

---

【事例】収益の額に含めない利息相当部分
・顧客Aと商品販売契約を締結し、契約と同時に商品を引き渡した。
・顧客は契約から2年後に対価1,020円を支払うことになっている。
・対価の調整として用いる金利は1％とする。

【会計処理】（金額単位：円）

＊売上高の算定　1,020÷（1＋0.01×2）＝1,000

・商品引渡し時　（仕訳）　売掛金　　　1,000／売上　　　1,000

・1年後　　　　（仕訳）　売掛金　　　　10／受取利息　　10

・2年後　　　　（仕訳）　売掛金　　　　10／受取利息　　10

・対価受領時　　（仕訳）　現金預金　　1,020／売掛金　　1,020

#### 税法の対応

**（基本通達2-1-1の8 ⇨ 資産の販売等に係る収益の額に含めないことができる利息相当部分）**

新会計基準に対応して新設された通達である。

資産の販売等を行った場合において、次に掲げる額及び事実並びにその他のこれらに関連するすべての事実及び状況を総合的に勘案して、当該資産の販売等に係る契約に金銭の貸付けに準じた取引が含まれていると認められるときは、継続適用を条件として、当該取引に係る利息相当額を当該資産の販売等に係る収益の額に含めないことができるとしている。

① 資産の販売等に係る契約の対価の額と現金販売価格との差額

② 資産の販売等に係る目的物の引渡し又は役務の提供をしてから、顧客が対価の支払いを行うまでの予想される期間及び市場金利の影響

改正税法において廃止が決定している割賦販売であるが、経過期間が設けられているため、基本通達2-1-1の9は割賦販売等に係る収益の額に含めないことができる利息相当分について規定を置いている。

**（参考）基本通達2-1-1の8**

法人が資産の販売等を行った場合において、次の(1)に掲げる額及び次の(2)に掲げる事実並びにその他のこれらに関連する全ての事実及び状況を総合的に勘案して、当該資産の販売等に係る契約に金銭の貸付けに準じた取

第 3 章
新会計基準に対応する改正基本通達

引が含まれていると認められるときは、継続適用を条件として、当該取引に係る利息相当額を当該資産の販売等に係る収益の額に含めないことができる。

　(1)　資産の販売等に係る契約の対価の額と現金販売価格（資産の販売等と同時にその対価の全額の支払を受ける場合の価格をいう。）との差額

　(2)　資産の販売等に係る目的物の引渡し又は役務の提供をしてから相手方が当該資産の販売等に係る対価の支払を行うまでの予想される期間及び市場金利の影響

---

【事例】　契約における重要な金融要素（国税庁 HP より編集）

・企業は顧客Ａとの間で商品の販売契約を締結し、契約締結と同時に商品を引き渡した。

・顧客は契約から 2 年後に税込対価2,160千円を支払う。契約上、利子を付すこととはされていないが、信用供与についての重要な便益が顧客に提供されると認められる。

・対価の調整として用いる金利は 1 ％とする。なお、消費税率 8 ％とする。

【会計処理】

（金額単位：千円）

| | 会　計 | 法人税の取扱い | 消費税の取扱い |
|---|---|---|---|
| 商品引渡し時 | **売手**<br>売掛金　　2,117／売上　　1,957<br>　　　　　　　　／仮受消費税　160<br>**買手**<br>仕入　　2,000／買掛金　2,160<br>仮払消費税　160／ | 同左<br><br><br>同左 | **売手**<br>課税売上の対価　2,000<br>消費税額　　　　　160<br>**買手**<br>課税仕入の対価　2,000<br>消費税額　　　　　160 |
| 1年後 | **売手**<br>売掛金　　21／受取利息　　21<br>**買手**<br>　処理なし | 同左<br><br>同左 | 処理なし<br><br>処理なし |

111

| | | | 同左 | 処理なし |
|---|---|---|---|---|
| 2年後 | **売手**（対価受領時）<br>売掛金　　　　22／受取利息　　　22<br>現金　　　2,160／売掛金　　　2,160 | | 同左 | 処理なし |
| | **買手**<br>買掛金　　　2,160／現金　　　　2,160 | | 同左 | 処理なし |

・商品引渡し時の売掛金　$2,160 \div (1 + 0.01)^2 = 2,117$

・1年後の受取利息　$2,117 \times 0.01 = 21$

・2年後の受取利息　$2,160 - (2,117 + 21) = 22$

第 **4** 節

# 収益の額

## ① 新会計基準の収益の額と法人税法の収益の額の相違

　収益の計上は履行義務別に、履行義務を充足するにつれて又は履行義務を充足した時点で、その履行義務に配分された取引価格をもって行われるということは、新会計基準においても改正法人税法（基本通達を含む）においても共通する原則である（基本通達2-1-1参照）。

　しかし、履行義務に付される取引価格について、両者の考え方は若干異なっている。それは、新会計基準の目的と税法の目的の相違からくるものである。

　新会計基準は、契約を締結してそれに基づき企業がすべての履行義務を充足するまでの過程を、予想される実態も含めて企業の取引の経済面を描写することを目的としている。結果を待つ前にできるだけ迅速に、企業のステークホルダーに報告する必要があるからである。そのため、将来の予想される実態に付す金額は見積りに頼らざるを得ない。見積りは合理的ではあっても恣意性を100％排除できない。あくまでも未確定の金額である。

　他方、税務は課税の公正性の目的からは、できるだけ恣意性を排除した確定値を用いて課税所得を計算しなければならない。合理的な見積数値を迅速に算定できる組織的なシステムを整備している企業ばかりではない。

113

## 1）新会計基準の収益の額

契約において約束された対価のうち変動する可能性がある部分を含んだ対価を取引価格とする。対価の変動は、値引き、リベート、返金、価格譲歩、インセンティブ、業績ボーナス、ペナルティ等によって生じる。対価の金額は、製品が返品権付きで販売されたような将来の発生事象も条件として変動する可能性がある。変動部分の見積りには条件と制限がある（後述）。

## 2）法人税法の収益の額

所得の金額の計算上益金の額に算入する金額は、原則として、その販売若しくは譲渡をした資産の引渡しの時における価額又はその提供した役務につき、通常得るべき対価の額に相当する金額とする。

「『通常得るべき対価の額』に相当する金額」とは、一般的には第三者間で通常付される価額（時価）をいう（法法22の2④）。

新会計基準では、回収不能や返品の影響も見積もって取引価格に反映するが、これらは譲渡資産の時価とは関係ない要素であるとして、通常得るべき対価は、資産の販売の金銭債権の貸倒れ、買戻しの可能性はある場合でも、ないものとした価額とする。返品と回収不能については収益の額に織り込むことはできないとした（同⑤）。

基本通達において、新会計基準に対応して「変動対価」の規定が新設されたが、厳格な要件をすべて満たした場合のみ認められる変動対価のみを取引価格として認めている。値引きや割戻しについては、譲渡資産等の時価をより正確に反映させるための調整と位置づけることができると考えられる。

# ② 資産の引渡しの時の価額等の通則

**新会計基準**

履行義務を充足した時又は充足するにつれて、取引価格のうち当該履行義務に配分した額を収益認識する（基準46項）。

「取引価格」とは、財又はサービスの顧客への移転と交換に企業が権利

を得ると見込む対価の額をいう（ただし、第三者のために回収する額を除く（注））。取引価格の算定に当たっては、契約条件や取引慣行等を考慮する（基準47項）。

　取引価格を算定する際には、変動対価、契約における重要な金融要素、現金以外の対価、顧客に支払われる対価のすべての影響を考慮する（基準48項）。

　取引価格の算定においては、「現金以外の対価」も考慮しなければならないが、その対価は時価により算定する（基準59項）。例えば、株式等の有価証券の場合は契約時の時価により算定する。その後、株式の時価が変動しても契約額は修正しない。現金以外の対価の時価を合理的に見積もることができない場合は、当該対価と交換に顧客に約束した財又はサービスの独立販売価格を基礎として算定する（基準60項）。

（注）　第三者のために回収する額

　　　　売上に係る消費税等間接税は原則として、企業は、第三者である国や都道府県に納付するため、第三者に支払うために税負担者である顧客から回収する金額に該当することから、取引価格には含まれない。

---

**【事例】　第三者のために回収する額―消費税**

　消費税の課税事業者であるA社は、顧客に商品Xを100千円で販売した。商品Xの販売は消費税の課税取引に該当し、A社は、商品Xを顧客に販売した時に100千円及び売上に係る消費税（消費税率8％）を現金で顧客から受け取った。

　消費税額　　100千円×8％＝8千円

　・顧客に商品Xを販売した時点の仕訳（金額単位：千円）

　　（仕訳）　現金預金　　　108／売上高　　　　100
　　　　　　　　　　　　　　　／仮受消費税　　　　8

法人税法は、引き続き法人の選択により税抜方式と税込方式のいずれも適用可能としている（「消費税法等の施行に伴う法人税の取扱いについて」3）。

### 税法の対応

**（基本通達2-1-1の10⇨資産の引渡しの時の価額等の通則）**

「販売若しくは譲渡をした資産の引渡しの時における価額又はその提供をした役務につき通常得るべき対価の額に相当する金額」とは、原則として資産の販売等につき第三者間で取引されたとした場合に通常付される価額をいうことを明らかにしている。

これは、取引の対価を「現金以外のもの」（現物）で支払いを受けた場合であっても、<u>引き渡した資産又は提供した役務の時価</u>を基準として収益を認識するということである。この場合、<u>支払いを受けた現物の時価</u>が、引き渡した資産又は提供した役務の時価より低いあるいは高いというケースが生じる。低い場合は、その差額は企業側からすれば交際費や寄附金として処理することになる（基通2-1-1の10（注）2参照）。

法人税法第22条の2第4項が設けられ、収益の額については明文化されているため、新会計基準のような処理はできない。改正された基本通達にも「現金以外の対価」の支払いを受けた場合の規定は設けられていない。この点は新会計基準と法人税の取扱いが異なる点である。

引渡し日の属する事業年度末日までに、その対価の額が合意されていない場合は、引渡し時の時価等を適正に見積もる。この場合は、確定した対価との差額は、確定した事業年度の収益の額を増額又は減額する（同（注）1）。

**（参考）基本通達2-1-1の10**
　法第22条の2第4項《収益の額》の「その販売若しくは譲渡をした資産の引渡しの時における価額又はその提供をした役務につき通常得べき対価の

額に相当する金額」(略)とは、原則として資産の販売等につき第三者間で取引されたとした場合に通常付される価額をいう。なお、資産の販売等に係る目的物の引渡し又は役務の提供の日の属する事業年度終了の日までにその対価の額が合意されていない場合は、同日の現況により引渡し時の価額等を適正に見積もるものとする。

> (注) 1　なお書の場合において、その後確定した対価の額が見積額と異なるときは、令第18条の2第1項《収益の額》の規定の適用を受ける場合を除き、その差額に相当する金額につきその確定した日の属する事業年度の収益の額を減額し、又は増額する。
>
> 2　引渡し時の価額等が、当該取引に関して支払を受ける対価の額を超える場合において、その超える部分が、寄附金又は交際費等その他のその法人の所得の金額の計算上損金の額に算入されないもの、剰余金の配当等及びその法人の資産の増加又は負債の減少を伴い生ずるもの（以下「損金不算入費用等」という。）に該当しない場合には、その超える部分の金額を益金の額及び損金の額に算入する必要はないことに留意する。

# ③ 変動対価

「変動対価」の概念は、履行義務と同じように新会計基準においても新しい。従来は、顧客の取引で確定した対価を取引価格とし、変動すると予想される部分はその見積額を引当金として処理してきた。

新会計基準の取引価格に関する革命に対応して、基本通達においても斬新な「変動対価」の概念が取り入れられた。

### 新会計基準

契約において約束された対価のうち変動する可能性がある部分を変動対価という。変動性のある金額を含んでいる場合には、企業は対価の金額を見積もる（基準50項）。**第1章【図表－5】**参照のこと。

対価の変動は、値引き、リベート、返金、クレジット、価格譲歩、イン

センティブ、業績ボーナス、ペナルティ等によって生じる。対価の金額は、製品が返品権付きで販売されたような将来の発生事象も条件として変動する可能性がある。

### ア．変動対価の見積り

　企業は、変動対価を、①期待値、②最も可能性の高い金額（最頻値）のいずれかのうち、対価の額をより適切に予測できる方法を用いて見積もらなければならない（基準51項、140項）。

　返品権付きの販売のように、顧客から受け取った対価の一部又は全部を返金すると見込む場合、受け取った又は受け取る対価のうち、企業が権利を得ると見込まない額について、返金負債を認識する。返金負債の額は、各決算日に見直す（基準53項）。

　変動対価の見積りは、各決算日において見直されなければならない（基準55項）。

### イ．変動対価の見積りの制限

　変動対価に関する不確実性がその後解消した時に、解消される時点までに計上された収益の著しい減額が発生しない可能性が高い部分に限り取引価格に含める（基準54項）。

　「可能性が高い」とは、50％以上よりも著しく高い状況を示している。

---

**【事例】値引きに関する変動対価**
・A社が、顧客B社に製品を＠￥100で販売する契約を締結した。この契約にはB社が1年間で1,000個以上購入した場合は、販売単価を＠￥95に値下げするという販売条件が付されている。
・第2四半期までにおける実績は250個の販売であったので、値引きの発

第 3 章
新会計基準に対応する改正基本通達

生の可能性は低いと判断した。A 社は B 社との取引実績には長い経験を有しており、この判断により事後的に収益の著しい減額はないと見込んでいる。

・第 3 四半期において、B 社が海外に店舗を拡大したことにより、当該製品の売上が飛躍的に伸び、600 個売れたため年間では 1,000 個以上に達すると判断した。

・値引きが発生するか否かの見積りは、年間購入量が 1,000 個以上になるか否かの条件であるから、最頻値法によって決めるのが適切と考えられる。

## 【会計処理】

・第 2 四半期末の会計処理（仕訳金額単位：円）

　　年間販売額 1,000 個以上にならないと見積もるので、25,000 円（@￥100 ×250 個）で収益を計上。

　　（仕訳）　売掛金　　25,000／売上高　　　25,000

・第 3 四半期末の会計処理（仕訳金額単位：円）

　　売上高が飛躍的に増加したので、年間販売額は 1,000 個以上に達すると判断し、値引き後の@￥95 で収益を計上するが、第 2 四半期までの売上高にも遡及して修正する。

　　@￥95×600 個 − @￥5 ×250 個（販売済個数）＝ 55,750 円

　　（仕訳）　売掛金　　55,750／売上高　　　55,750

## 税法の対応

### （基本通達2-1-1の11⇨変動対価）

　新会計基準の適用に対応して、税法においても変動対価という新しい概念を導入している。従来までは、個々の基本通達に取引価格が変動する際の取扱いの規定はあった。例えば、販売代金が確定していない場合の見積り（旧基通2-1-4）、値増金の益金算入の時期（同2-1-8）、売上割戻しの計上時期（同2-5-1）である。それらの規定は削除されて、基本通達2-1-1の

119

11に変動対価として包括的な規定が設けられた。上記の旧通達は変動対価の規定の適用をしない場合の取扱いとして、基本通達2-1-1の12〜2-1-1の15に移動して生きている。

　資産の販売等に係る契約の対価について、値引き等の事実により変動する可能性がある部分の金額（「変動対価」）がある場合において、次に掲げる要件のすべてを満たすときは、変動対価につき引渡し等事業年度の確定した決算において収益の額を減額し、又は増額して経理した金額（引渡し等事業年度の確定申告書に当該収益の額に係る益金算入を減額し、又は増額させる金額の申告記載がある場合の当該金額を含む）は、引渡し等事業年度の引渡し時の価額等の算定に反映するものとされている。

〈要件〉

① 値引き等の事実の内容及び当該値引き等の事実が生ずることにより契約の対価の額から減額若しくは増額をする可能性のある金額又はその金額の算定基準が客観的であり、当該契約若しくは法人の取引慣行あるいは公表した方針等により相手方に明らかにされていること又は当該事業年度終了の日において内部的に決定されていること

② 過去における実績を基礎とするなど合理的な方法のうち法人が継続して適用している方法により①の減額若しくは増額をする可能性又は算定基準の基礎数値が見積もられ、その見積りに基づき収益の額を減額し、又は増額することとなる変動対価が算定されていること

③ ①を明らかにする書類及び②の算定の根拠となる書類が保存されていること

　税務上の取扱いの厳しいルールとして要件が設けられているが、新会計基準においても変動対価の見積りの合理性、確定後に著しい減額がある場合を制限している点では同じである。しかし、税法では金額の算定基準・方針が相手方に明らかにされていることが企業の相手方に確認させるとい

うことで恣意性を排除する要件として付け加えられている。

> **（参考）基通2-1-1の11**
>
> 　資産の販売等に係る契約の対価について、値引き、値増し、割戻しその他の事実（略）により変動する可能性がある部分の金額（以下「変動対価」という。）がある場合（当該値引き等の事実が損金不算入費用等に該当しないものである場合に限る。）において、次に掲げる<u>要件の全てを満たすとき</u>は、(2)により算定される変動対価につき法22条の2第1項又は第2項に規定する事業年度（以下「引渡し等事業年度」という。）の確定した決算において収益の額を減額し、又は増額して経理した金額（引渡し等事業年度の確定申告書に当該収益の額に係る益金算入額を減額し、又は増額させる金額の申告の記載がある場合の当該金額を含み、変動対価に関する不確実性が解消されないものに限る。）は、引渡し等事業年度の引渡し時の価額等の算定に反映するものとする。
>
> (1)　値引き等の事実の内容及び当該値引き等の事実が生ずることにより契約の対価の額から減額若しくは増額をする可能性のある金額又はその金額の算定基準（客観的なものに限る。）が、当該契約若しくは法人の取引慣行若しくは公表した方針等により相手方に明らかにされていること又は当該事業年度終了の日において内部的に決定されていること。
>
> (2)　過去における実績を基礎とする等合理的な方法のうち法人が継続して適用している方法により(1)の減額若しくは増額をする可能性又は算定基準の基礎数値が見積もられ、その見積りに基づき収益の額を減額し、又は増額することとなる変動対価が算定されていること。
>
> (3)　(1)を明らかにする書類及び(2)の算定の根拠となる書類が保存されていること。
>
> （（注）1、2は省略）

【事例】**割戻しを見込む販売**（国税庁HPより編集）

・A社は、B社と商品Zの販売について2年契約を締結している。

・この契約における対価には変動性があり、次のような1個当たりの販売単価契約になっている。

| 販売数量 | 販売単価 |
|---|---|
| 1～100個 | 500円 |
| 101～200個 | 400円 |
| 200個超 | 300円 |

・A社は、B社への2年間の販売数量予測は200個になると予想している。
　ただし、100個までの販売分には単価400円は適用しない。

　（筆者注）ただし書きの条件がなければ解答のような会計処理にはならない。変動対価の事例としてはかなり特殊的である。

・X1年5月に100個を販売し、X2年5月に100個を追加販売した。

・消費税率8％とする。

【会計処理】

　・取引価格の計算

　　　（@￥500×100個＋@￥400×100個＝90,000円）÷200＝@￥450

　・X1年5月の売上　@￥450×100個＝45,000円

　・X2年5月の売上　@￥450×100個＝45,000円

（金額単位：千円）

| | 会　計 | | 法人税の取扱い | 消費税の取扱い | |
|---|---|---|---|---|---|
| X1年5月 | **売手**（商品100個の販売時）<br>現金　　　　54／売上　　　　45<br>　　　　　　　／返金負債　　　5<br>　　　　　　　／仮受消費税　　4 | | 同左 | **売手**<br>課税売上の対価　　50<br>消費税　　　　　　4 | |
| | **買手**<br>仕入　　　　50／現金　　　　54<br>仮払消費税　4／ | | 同左 | **買手**<br>課税仕入の対価　　50<br>消費税　　　　　　4 | |
| X2年5月 | **売手**（商品100個の追加販売時）<br>現金　　　　40／売上　　　　45<br>返金負債　　5／<br>現金　　　　3.2／仮受消費税　3.2 | | 同左 | **売手**<br>課税売上の対価　　40<br>消費税　　　　　　3.2 | |
| | **買手**<br>仕入　　　　40／現金　　　43.2<br>仮払消費税　3.2／ | | 同左 | **買手**<br>課税仕入の対価　　40<br>消費税　　　　　　3.2 | |

第 3 章
新会計基準に対応する改正基本通達

**【事例】割戻しを見込む販売（変動対価）**（筆者）

・A社は、B社と商品Zの販売について2年契約を締結している。

・この契約における対価には変動性があり、次のような1個当たりの販売単価契約になっている。

| 販売数量 | 販売単価 |
|---|---|
| 1〜100個 | 500円 |
| 101〜200個 | 400円 |
| 200個超 | 300円 |

・A社は、X1年当初から、B社への2年間の販売数量予測は200個になると予想している。

・X1年5月に100個を販売し、X2年5月に100個を追加販売した。

・消費税率8％とする。

**【会計処理】**

・取引開始日から200個の販売達成を見込んでおり、200個の販売すべてに@¥400が適用されるとした場合、変動対価は@¥400となる。

（金額単位：千円）

| | 会 計 | | 法人税の取扱い | 消費税の取扱い |
|---|---|---|---|---|
| X1年5月 | **売手**<br>現金 54 ／売上 40<br>　　　　／返金負債 10<br>　　　　／仮受消費税 4 | | 同左 | **売手**<br>課税売上の対価 50<br>消費税 4 |
| | **買手**<br>仕入 50 ／現金 54<br>仮払消費税 4／ | | 同左 | **買手**<br>課税仕入の対価 50<br>消費税 4 |
| X2年5月 | **売手**<br>現金 43.2 ／売上 40<br>　　　　／仮受消費税 3.2<br>返金負債 10／未払金 10 | | 同左 | **売手**<br>課税売上の対価 40<br>消費税 3.2 |
| | **買手**<br>仕入 40 ／現金 43.2<br>仮払消費税 3.2／<br>未収金 10／仕入値引 10 | | 同左 | **買手**<br>課税仕入の対価 40<br>消費税 3.2 |

123

・X1年度の返金負債は変動対価の見積りの結果生じる債務であり、割戻しが実現した時点で確定債務になる。顧客に返還しなければならない割戻金である。

# ④ 収益の額の具体的取扱い

　これから取り上げる基本通達は、収益の額の具体的取扱いを定めたものであるが、包括的な通則である変動対価の規定（基通2-1-1の11）以外の取扱いを認める規定である。

　いずれも価格が変動する要因を含んだ場合であるが、従来の計上価額を認めるという趣旨の通達である。税の安定性、公正性から見積りを排除した金額での計上を認めている。

### 税法の対応

### ア．基本通達2-1-1の12⇨売上割戻しの計上時期

　販売した棚卸資産に係る売上割戻しについて2-1-1の11（変動対価）の取扱いを適用しない場合には、当該売上割戻しの金額をその通知又は支払いをした日の属する事業年度の収益の額から減額するとしている。

　支払金額を相手に通知した時点又は支払いをした日とし、確定基準を認めている。

### イ．基本通達2-1-1の13⇨一定期間支払わない売上割戻しの計上時期

　売上割戻しの金額につき相手方との契約等により特約店契約の解約、災害の発生等特別な事実が生ずる時まで又は5年を超える一定の期間が経過するまで相手方名義の保証金等として預かることとしているため、相手方がその利益の全部又は一部を実質的に享受することができないと認めら

れる場合の規定である。

　その売上割戻しの金額については、2-1-1の12にかかわらず、これを現実に支払った日（その日前に実質的に相手方にその利益を享受させることとした場合には、その享受させることとした日）の属する事業年度の売上割戻しとして取り扱うとしている。

　カッコ内の実質的に利益を享受することの意義については、基本通達2-1-1の14において、実際に支払いが行われなくても、次のような事実があれば、売上割戻しとして、その期の収益から減額するとしている。

　①　相手方との契約等に基づいてその売上割戻しの金額に通常の金利を付すとともに、その金利相当額については現実に支払っているか、又は相手方からの請求があれば支払うこととしていること

　②　相手方との契約等に基づいて保証金等に代えて有価証券その他の財産を提供することができることとしていること

　③　保証金等として預かっている金額が売上割戻しの金額のおおむね50％以下であること

　④　相手方との契約等に基づいて売上割戻しの金額を相手方名義の預金又は有価証券として保管していること


## ウ．基本通達2-1-1の15⇨値増金の益金算入の時期

　企業が請け負った建設工事等に係る工事代金につき資材の値上がり等に応じて一定の値増金を収入することが契約において定められている場合（インフレ条項）において、変動対価の取扱いを適用しない場合の値増金の額についての取扱規定である。次の場合の区分に応じ、それぞれ次によることとする。ただし、その建設工事等の引渡しの日後において相手方との協議によりその収入すべき金額が確定する値増金については、その収入すべき金額が確定した日の属する事業年度の収益の額を増額する。

　①　当該建設工事等が、履行義務が一定の期間にわたり充足されるもの

**125**

に該当する場合は、値増金を収入することが確定した日の属する<u>事業</u>
<u>年度以後の収益の額の算定に反映する</u>。いわゆる工事進行基準により
当期の工事売上高を算定する際の、見積工事収益総額に値増金を加算
するということである。

② ①以外の場合は、その建設工事等の引渡しの日の属する事業年度の
益金の額に算入する。

# 5 相手方に支払われる対価

企業が支払う相手には、顧客から企業の財又はサービスを購入する他の
当事者も含まれている。例えば、製造業である企業が販売代理店に支払う
リベート、販売代理店が顧客である消費者へ支払うリベートを企業が一定
割合で負担する場合が想定される。

### 新会計基準

顧客に支払われる対価は、企業が顧客に対して支払う又は支払うと見込
まれる現金の額や、顧客が企業に対する債務額と相殺できる金額を含む。
顧客に支払われる対価が顧客から受領する別個の財又はサービスと交換に
支払われるものである場合を除き、取引価格から減額する（基準63項）。

顧客に支払われる対価を取引価格から減額する場合は、次のいずれか遅
い方が発生した時点で収益を減額する（基準64項）。

① 関連する財又はサービスの移転に対する収益を認識する時

② 企業が対価を支払うか又は支払いを約束する時

---

**【事例】売上高に応じて変動するリベート**

・大手家電メーカーA社は、自社製品を大手家電量販店B社に卸している。
　A社とB社の間には年度ごとに冷暖房機の販売に関するリベート条件の

契約がある。

・A社は、通常はB社が消費者に値引き販売した値引き相当額の20％を負担するが、消費者への年間売上高1億円を達成した場合は50％を負担する。

・B社の消費者への値引率は5％と定められている。

・中間期のA社からB社への売上高　150百万円

・中間期のB社のA社製冷暖房機の消費者への販売実績は8千万円

・当夏は猛暑のため顧客への販売は1億円を達成すると判断している。

【会計処理】

・中間期末の会計処理

　　今夏は猛暑であり、中間期末までの売上高は目標まで80％を達成しているので、値引きに対する負担率は50％と見積もる。

　　A社の値引き負担額　2百万円（80百万円 × 5 ％×50％）

　　（金額単位：百万円）

　　（仕訳）　現金預金　　　150 ／売上高　　　　　　　　　　　　148

　　　　　　　　　　　　　　　／売上値引引当金（契約負債）　　　2

### 税法の対応

**（基本通達2-1-1の16⇨相手方に支払われる対価）**

　資産の販売等に係る契約において、相手方に対価が支払われることが条件となっている場合には、次に掲げる日のうちいずれか遅い日の属する事業年度においてその対価の額に相当する金額を当該事業年度の収益の額から減額することを明らかにしている。

①　その支払う対価に関連する資産の販売等に係る引渡し等の日又は近接する日

②　その対価を支払う日又はその支払いを約する日

新会計基準と同様の取扱いとしている。経過的取扱いとして、支払いをした日における費用処理も認めている（平成30年改正基本通達経過的取扱い(3)）。

---

**（参考）基本通達2-1-1の16**

資産の販売等に係る契約において、いわゆるキャッシュバックのように相手方に対価が支払われることが条件となっている場合（損金不算入費用等に該当しない場合に限る。）には、次に掲げる日のうちいずれか遅い日の属する事業年度においてその対価の額に相当する金額を当該事業年度の収益の額から減額する。

(1) その支払う対価に関連する資産の販売等に係る法第22条の2第1項《収益の額》に規定する日又は同条第2項に規定する近接する日

(2) その対価を支払う日又はその支払を約する日

---

# 6 返品権付き販売

顧客との契約には返品権が付されている場合がある。

当該商品又は製品を返品することによって、顧客は、支払った対価の全額又は一部の返金、企業に対して負っている金額に適用することのできる値引き、別の商品又は製品への交換のいずれか又はいずれかの組み合わせの権利を受ける場合がある。

### 新会計基準

従来の返品権付き販売の会計処理とは異なるので重要である。

返品権付きの商品又は製品及び返金条件付きで提供されるサービスを販売した時は次の3つのすべてについて処理する（指針85項）。

① 移転した商品又は製品について、企業が確実に権利を得ると見込んだ額（返品されると見込まれる商品又は製品の対価を除く）で収益を認

識する。

② 返品が見込まれる商品又は製品については収益を認識せず、返品に応じる義務を返金負債（当該商品又は製品について受け取った又は受け取る額）として認識する。

③ 返金負債の決済時に顧客から商品又は製品を回収する権利について資産を認識する。

その後、企業は決算日ごとに、移転した商品又は製品と交換に得ると見込んでいる対価及び返金負債の金額を見直すとともに、認識した収益の額を変更する（指針87項）。

返金負債の決済時に顧客から商品又は製品を回収する権利として認識した資産の額は、当該商品又は製品の従前の帳簿価額から予想される回収費用（潜在的な下落の見積額を含む）を控除し、各決算日に当該控除した額を見直す（指針88項）。

すなわち、返品権が付されている商品又は製品の販売の会計処理は、返品が見込まれる商品又は製品については収益を認識せず、返品に応じる義務を返金負債として認識し、返金負債の決済時に顧客から製品を回収する権利に係る資産（販売した商品又は製品の原価又は原価から回収費用を控除した額）を認識し、対応する売上原価の修正をするということであり、認識された収益、返金負債、返金負債に付随する資産は決算日には見直さなければならないとしている。

---

**【事例】返品権付き販売**

・A製品（販売単価100円、原価80円）を100個販売したが、10％の製品が返品されると見込まれる。

・返品回収費は0とする。

（仕訳）　（金額単位：円）

| | | | |
|---|---|---|---|
| 現金預金 | 10,000 | 売上高 | 9,000 |
| | | 返金負債＊ | 1,000 |
| 売上原価 | 7,200 | 製品 | 8,000 |
| 返品見込資産＊ | 800 | | |

＊返金負債及び返品見込資産の具体的な勘定科目は、明らかでない。

＊返金負債と返品見込資産は相殺表示してはならない（指針105項）。

## 税法の対応

　従来の日本基準では、企業会計原則注解（注18）において、負債性引当金の計上要件と、引当金の例示がされており、その一つに返品調整引当金が挙げられている。合理的な見積りに基づいて返品調整金が計上される場合、販売時において、返品見込額を含む対価の全額を収益に計上する。引当金の繰入れ、翌期の繰戻しは売上総利益の調整として表示される。

　販売等にかかる益金の額に算入する金額は、その販売した資産の引渡しの時における価額であり（法法22の2④）、資産の販売等の対価に対する貸倒れ、当該資産の販売等に係る資産の買戻しの可能性がある場合でもそれらがないものとした価額とする（法法22の2⑤）と規定されている。すなわち、新会計基準のような返品を見積もって収益の額から控除し、契約負債として処理する方法は認められていない。その後、返品があった場合は、返品があった日の属する事業年度の損金とするとされている。

> **（参考）基本通達2-2-16(前期損益修正) 文言一部削除のほか改正なし**
> 　当該事業年度前の各事業年度(略)においてその収益の額を益金の額に算入した資産の販売又は譲渡、役務の提供その他の取引について当該事業年度において契約の解除又は取消し、返品等の事実が生じた場合でも、これらの事実に基づいて生じた損失の額は、当該事業年度の損金の額に算入するのであるから留意する。

従来の税法では認められていた業種限定の返品調整引当金の繰入れを損金と認める制度は廃止された。

---

**【事例】 返品権付き販売**

・A製品（販売単価100円、原価80円）を100個販売したが、10％の製品が返品されると見込まれる。

　　（仕訳）（金額単位：円）

| | | | |
|---|---|---|---|
| 現金預金 | 10,000 | 売上高 | 9,000 |
| | | 返金負債＊ | 1,000 |
| 売上原価 | 7,200 | 製品 | 8,000 |
| 返品見込資産＊ | 800 | | |

**【申告調整】**

・別表４：加算（留保）　売上計上漏れ（返金負債）1,000
　　　　　減算（留保）　売上原価計上漏れ（返品資産）800

・返品調整引当金の対象事業の商品を販売した場合は、経過措置が講じられている期間は返金負債と返品見込資産の差額（返品見込商品の売上利益）を返品調整引当金に繰り入れ処理できる。

　別表４：減算（留保）　返品調整引当金繰入　200

---

【事例】 返品権付き販売 （国税庁 HP より編集）

・A 社は顧客へ 1 個200円の商品（原価120円）を100個販売した。

・返品は 2 個と見込んだ。

・消費税率は 8 ％とする。

【会計処理】

（金額単位：円）

| 会 計 | | | 法人税の取扱い | | | 消費税の取扱い | |
|---|---|---|---|---|---|---|---|
| **売手** | | | **売手** | | | **売手** | |
| 現金 | 21,600 | 売上 19,600 | 現金 | 21,600 | 売上 20,000 | 課税売上の対価 | 20,000 |
| | | 返金負債 400 | | | 仮受消費税 1,600 | 消費税 | 1,600 |
| | | 仮受消費税 1,600 | | | | | |
| 売上原価 | 11,760 | 商品 12,000 | 売上原価 12,000 | | 商品 12,000 | | |
| 返品資産 | 240 | | | | | | |
| **買手** | | | **買手** | | | **買手** | |
| 仕入 | 20,000 | 現金 21,600 | 同左 | | | 課税仕入の対価 | 20,000 |
| 仮払消費税 1,600 | | | | | | 消費税 | 1,600 |

（注）　本設例は、平成30年度税制改正における返品調整引当金に係る経過措置の適用終了後の取引を前提としている。なお、経過措置期間中は会計における返金負債勘定の金額から返品資産勘定の金額を控除した金額に相当する金額が損金経理により返品調整引当金勘定に繰り入れたものとして取り扱われる（平成30年改正法附則25、改正法令附則 9 ）。

## 第 5 節

# 収益計上の時期

## 1 棚卸資産の販売に係る収益の計上の時期

### 新会計基準

　新会計基準は、まず要件を定めて一定期間にわたり充足される履行義務を規定している。その要件のいずれにも該当しない場合は、一時点で充足される履行義務である。物品の販売は一時点で充足される履行義務であると判定され、物品販売は一時点で収益が認識される（基準39項、40項、指針14項）。

　履行義務を充足するということは、資産に対する支配を顧客に移転することである。「資産に対する支配」とは、当該資産の使用を指図し、当該資産からの便益のほとんどすべてを享受する能力を指す。他の企業が資産の使用を指図して、資産から便益を享受することを妨げる能力も含まれる（基準37項）。

　支配の移転を検討する際には、例えば次のような指標（例示列挙）を考慮する（基準40項、指針14項）。

　要するに、以下のような状況であれば、顧客が資産の使用を指図し、資産からの便益を享受する権利があることになる。

①　企業が資産に対する支払いを受ける現在の権利を有していること

　　顧客がそれと交換に、当該資産の使用を指図し当該資産の便益を獲得する。

② 顧客が資産に対する法的所有権を有していること

　企業が法的所有権を顧客の支払不履行に対する担保としてのみ保持している場合は、顧客の資産に対する支配を妨げない。

③ 企業が資産の物理的占有を移転したこと

　買戻条件付契約、委託販売契約は企業が資産を支配している。又、逆に請求済未出荷契約は、顧客が支配している資産を企業が占有している。物理的占有が資産に対する支配と一致しない場合である。

④ 顧客が資産の所有に伴う重要なリスクを負い、経済価値を享受していること

⑤ 顧客が資産を検収したこと


**（新会計基準における出荷基準の認容）**

　これまでの実務では、売上高を実現主義の原則に従って計上するに当たり、出荷基準が幅広く用いられてきている。このような絶対的慣行を考慮し、新会計基準において特別な配慮規定が設けられ、一定の条件下で出荷基準が認められた。

　商品又は製品の国内における販売を前提として、商品又は製品の出荷時から当該商品又は製品の支配が顧客に移転される時までの期間が通常の期間である場合には、出荷時に収益を認識しても、商品又は製品の支配が顧客に移転される時に収益を認識することとの差異が、通常、金額的な重要性に乏しいと想定され、財務諸表間の比較可能性を大きく損なうものではないと考えられるため、次のように代替的な取扱いを定めている。

　「会計基準第39項及び第40項の定めにかかわらず、商品又は製品の国内の販売において、出荷時から当該商品又は製品の支配が顧客に移転される時（会計基準第35項から第37項、第39項及び第40項の定めに従って決定される時点、例えば顧客による検収時）までの期間が通常の期間である場合には、出荷時から当該商品又は製品の支配が顧客に移転される時ま

での間の一時点（例えば、<u>出荷時や着荷時</u>）に収益を認識することができる。

　商品又は製品の出荷時から当該商品又は製品の支配が顧客に移転される時までの期間が通常の期間である場合とは、当該期間が国内における出荷及び配送に要する日数に照らして取引慣行ごとに合理的と考えられる日数である場合をいう。」（指針98項）

「合理的と考えられる日数」とは、国内における配送においては、数日間程度の取引が多いものと考えられる。

### 税法の対応

　新会計基準が導入されることに伴い、資産の販売等に係る収益の額と益金の額に算入する時期について法人税法が改正された。改正点のうち、収益計上の時期に関する規定は、以下のようである。

① 　法人税法上で、収益認識時点が<u>明文化</u>されたこと及び所得の計算上益金の額に算入する金額について<u>明確化</u>された（法法22の2）。

② 　資産の販売等に係る収益の額は、<u>目的物の引渡しの日</u>の属する事業年度に益金に算入する（同①）。

③ 　<u>引渡し日に近接する日</u>の属する事業年度の確定決算において処理した場合は、益金の額に算入する（同②）。

　　出荷基準、検針日基準、車両登録時基準で計上した収益算入も「一般に公正妥当と認められる会計処理の基準」に従っているものならば、原則以外に認めることを法令上明確化した。


　税法上の取扱いは、棚卸資産の販売による収益（益金）の算入時期について、新会計基準と同様の趣旨に基づき、その引渡しがあった日としているが、引渡し時点に近い日の収益計上も認めている（法法22の2①、②）。

「引渡しの日」とはいつであるかについては、基本通達2-1-2は次のよう

に規定している。

棚卸資産の販売に係る収益の額は、その引渡しがあった日の属する事業年度の益金の額に算入するのであるが、その引渡しの日がいつであるかについては、例えば出荷した日、船積みをした日、相手方に着荷した日、相手方が検収した日、相手方において使用収益ができることとなった日等、棚卸資産の種類及び性質、その販売に係る契約の内容等に応じその引渡しの日として合理的であると認められる日のうち、法人が継続してその収益計上を行うこととしている日によるものとする。

棚卸資産の販売に係る収益の帰属時期について、新会計基準と税法の取扱いは、基本通達2-1-2の規定の新設によりほぼ同じとなった。

---

**(参考) 基本通達2-1-2**

棚卸資産の販売に係る収益の額は、その引渡しがあった日の属する事業年度の益金の額に算入するのであるが、その引渡しの日がいつであるかについては、例えば出荷した日、船積みをした日、相手方に着荷した日、相手方が検収した日、相手方において使用収益ができることとなった日等当該棚卸資産の種類及び性質、その販売に係る契約の内容等に応じその引渡しの日として合理的であると認められる日のうち法人が継続してその収益計上を行うこととしている日によるものとする。(略)

---

# ② 委託販売に係る収益の計上時期

**新会計基準**

企業が製品等を最終顧客（消費者）への販売のために、販売業者等の他の当事者に引き渡す際に、他の当事者がその時点で商品又は製品の支配を獲得していない場合、委託販売契約の受託者として製品等を保有している可能性がある。企業は引き渡した商品又は製品が委託で保有されている場合は、受託者に引き渡した時点で収益を認識しない（指針75項）。

第 3 章
新会計基準に対応する改正基本通達

次のような指標がある場合は、契約が委託販売契約である（同76項）。

① 販売業者等が最終顧客に商品又は製品を販売するまで、あるいは所定の期間が満了するまで、企業が商品又は製品を支配していること

② 企業が商品又は製品の返還を要求するか又は別の第三者（販売業者等）に製品を移転することができること

③ 販売業者等が、商品又は製品の対価を支払う無条件の義務を有していないこと。ただし、販売業者等は預け金の支払いを要求される場合がある。

委託販売による収益の認識時点は、最終顧客に商品又は製品の支配を移転した時である。

### 税法の対応

**（基本通達2-1-3⇨委託販売に係る収益の帰属の時期）一部改正**

基本通達においても改正前から、原則は委託品について受託者が販売した日を収益計上時点としていた。例外として、委託品についての売上計算書が売上の都度、作成され、委託者に送付されている場合は、継続適用を前提として、計算書の到達した日に収益計上できるとしている。すなわち、計算書到達日はその引渡しの日に近接する日に該当するものとしている。

一部改正部分は、この箇所に法第22条の2第2項の規定を持ってきたことであり、実質的には改正前も売上計算書到達日基準を認めていた。

＊　　　　　　　　　　＊

新会計基準の規定と比較すると、原則的な取扱いである委託品の顧客への引渡し日は同じである。売上計算書到達日は、引渡し日に近接する日に該当するが、商品又は製品の顧客への支配移転より若干遅れることになる。

新会計基準において近接する日を収益計上時点と認めていることは、出荷基準等顧客への移転より若干早めの日を認めていることとなる（指針98項）。この規定は、原則的な取扱いと比べ重要性が乏しい場合の取扱いと

137

して、限定的な項目に限られているので、原則として売上計算書到達日基準は認められない。しかし、規定の趣旨から若干遅れた日も認められるのではなかろうか。

税法が、売上計算書到達日基準を認めているのは、事務処理の簡便性・明瞭性を優先し、益金算入の遅延を認めた寛容な取扱いであると考えられる。

---

**(参考) 基本通達2-1-3**

棚卸資産の委託販売に係る収益の額は、その委託品について受託者が販売をした日の属する事業年度の益金の額に算入する。ただし、当該委託品についての売上計算書が売上の都度作成され送付されている場合において、法人が継続して当該売上計算書の到達した日において収益計上を行っているときは、当該到達した日は、その引渡しの日に近接する日に該当するものとして、法第22条の2第2項(収益の額)の規定を適用する。

(注) 受託者が週、旬、月を単位として一括して売上計算書を作成している場合においても、それが継続して行われているときは、「売上の都度作成され送付されている場合」に該当する。

---

# ③ 検針日による収益の計上時期

### 新会計基準

新会計基準には、わが国の実務慣行に配慮し、国際的な基準を適用した場合の会計処理との乖離の差に重要性が乏しいと判断される場合は、原則に対し代替的な取扱いを認めているが、**毎月の計量により確認した使用量に基づく収益認識については代替的な取扱いは認められていない**(指針188項)。

電気、ガス等については、現在、毎月、月末以外の日に実施する計量により確認した顧客の使用量に基づき収益の計上が行われ、決算月に実施した計量の日から決算日までに生じた収益が翌月に計上される実務が見られる。

138

第3章
新会計基準に対応する改正基本通達

新会計基準では、検針日から期末日までの使用料を見積もって収益に加算することになる。

決算月に実施した計量の日から決算日までに生じた収益を見積もることの困難性に関する意見が、電気事業者及びガス事業者から寄せられた。

ASBJの審議においては、当該見積りの困難性について代替的な取扱いを検討し、決算日までの顧客による使用量を確認できない場合や、計量により確認した使用量に応じて複数の単価が適用される場合等、当該見積りが困難となり得る状況に対して検討を行ったが、当該見積りの困難性に係る評価が十分定まらず、代替的な取扱いの必要性について合意が形成されなかった。

今後、財務諸表作成者により、財務諸表監査への対応を含んだ見積りの困難性に対する評価が十分に行われ、会計基準の定めに従った処理を行うことが実務上著しく困難である旨、ASBJに提起された場合には、公開の審議により、別途の対応を図ることの要否をASBJにおいて判断することが考えられる。

### 税法の対応

**(基本通達2-1-4⇨検針日による収益の帰属の時期)**

税法上は改正基本通達2-1-4において、検針日を引渡しの日に近接する日に該当すると規定し、検針日基準を認めている。

改正前は「基本通達2-1-2(棚卸資産の引渡しの日の判定)」において、検針等により販売数量を確認した日を引渡しの日として認めていた。

改正後の通達においても、ガス、水道、電気等の販売をする場合において、週、旬、月を単位とする規則的な検針に基づき料金の算定が行われ、法人が継続してその検針が行われた日において収益計上を行っているときは、当該検針が行われた日は、その引渡しの日に近接するものとすることを明らかにしている。

139

> **(参考) 基本通達2-1-4**
>
> ガス、水道、電気等の販売をする場合において、週、旬、月を単位とする規則的な検針に基づき料金の算定が行われ、法人が継続してその検針が行われた日において収益計上を行っているときは、当該検針が行われた日は、その引渡しの日に近接する日に該当するものとして、法第22条の2第2項《収益の額》の規定を適用する。

# 4 固定資産の譲渡に係る収益の計上時期

**新会計基準**

新会計基準は、顧客との契約から生じる収益に関する会計処理に適用される（基準3項）。

「顧客」とは、対価と交換に企業の通常の営業活動により生じたアウトプットである財又はサービスを得るために当該企業と契約した当事者をいうと定義されている（基準6項）。

通常の営業活動から生じたアウトプットでない固定資産に係る収益については適用されないことになるが、営業活動から生じたアウトプットとなる不動産の売却は新会計基準の適用範囲に含まれる（基準108項）。

例えば、企業の遊休の土地を売却した場合の収益には適用されないが、不動産業者が仕入れた土地を顧客に売却する場合は適用される。

固定資産も他の財又はサービス同様、顧客に支配が移転した時点で収益を認識することになる。有形固定資産にもいろいろあるが、土地等の不動産、受注ではない造成された土地、受注ではない建売住宅、機械設備等々、財を引き渡した時点で顧客に支配が移転したと考えられるが、不動産のように法的所有権の条件も必要な財もある。

不動産契約の効力発生日は、顧客に財の支配を移転する時点の一つと考えられる。

140

第 3 章
新会計基準に対応する改正基本通達

**税法の対応**

**（基本通達2-1-14〜16⇨固定資産の譲渡等に係る収益計上時期）**

**ア．固定資産の譲渡に係る収益の帰属の時期**

　その引渡しがあった日の属する事業年度の益金の額に算入する。ただし、固定資産が土地、建物などの場合で、企業がその固定資産の譲渡契約の効力発生日において収益計上を行っているときは、その効力の発生日は引渡しの日に近接する日に該当するとしている。

　当該通達は一部改正であるが、実質的には改正前と同じであり、単に法人税法第22条の２に従って「近接する日」としてただし書きの基準を認めている点が異なるだけである。

---

**（参考）基本通達2-1-14（一部改正）**

　固定資産の譲渡に係る収益の額は、別に定めるものを除き、その引渡しがあった日の属する事業年度の益金の額に算入する。ただし、その固定資産が土地、建物その他これらに類する資産である場合において、法人が当該固定資産の譲渡に関する契約の効力発生の日において収益計上を行っているときは、当該効力発生の日は、その引渡しの日に近接する日に該当するものとして、法第22条の２第２項（収益の額）の規定を適用する。

　（注）　本文の取扱いによる場合において、固定資産の引渡しの日がいつであるかについては、2-1-2の例による。

---

**イ．農地の譲渡に係る収益の帰属の時期の特例**

　営業活動による顧客との取引で、アウトプットとしての農地の販売は考えられないが参考までに記載しておく。

　農地の譲渡に係る収益の帰属時期については、従来どおりの処理が認められている。農地の譲渡に関する契約は、農地法上の許可を受けなければその効力を生じないため、許可のあった日はその引渡しの日に近接する日に該当するとして収益計上を認めている。

141

当該通達は一部改正されたが、改正点は2-1-14と同じである。

---

**（参考）基本通達2-1-15（一部改正）**

　農地の譲渡があった場合において、当該農地の譲渡に関する契約が農地法上の許可を受けなければその効力を生じないものであるため、法人がその許可のあった日において収益計上を行っているときは、当該許可のあった日は、その引渡しの日に近接する日に該当するものとして、法第22条の2第2項《収益の額》の規定を適用する。

　（注）　法人が農地の取得に関する契約を締結した場合において、農地法上の許可を受ける前に当該契約に基づく契約上の権利を他に譲渡したときにおけるその譲渡に係る収益の額を益金の額に算入する時期については、2-1-14による。この場合において、当該権利の譲渡に関する契約において農地法上の許可を受けることを当該契約の効力発生の条件とする旨の定めがあったとしても、当該定めは、当該許可を受けることができないことを契約解除の条件とする旨の定めであるものとして2-1-14のただし書を適用する。

---

# ⑤ 役務の提供に係る収益の計上時期

　役務の提供に係る収益認識は、その役務の提供が一定期間にわたり充足されるものか、一時点で充足されるものかの2種類である。このような新会計基準の規定に対応して、役務の提供に係る収益の計上時期に関する基本通達が複数新設された。基本通達のスタンスもすべて履行義務の充足という概念の上に立っている。

**新会計基準**

　次のいずれかの要件を満たす場合は、企業は資産に対する支配が顧客に一定の期間にわたり移転することにより、一定の期間にわたり履行義務を充足し収益を認識する（基準38項）。

　以下の要件のいずれも満たしていない場合は、資産に対する支配が顧客

に一時点で移転することにより、一時点で履行義務を充足し収益を認識する（基準39項）。

① 企業が顧客との契約における履行義務を履行するにつれて、顧客が便益を享受すること（例えば、清掃サービス契約や輸送サービス契約等日常的、反復的なサービスがある）。

　　仮に、他の企業が替わって顧客に対する残存履行義務を充足する場合に、企業が現在までに完了した作業を大幅にやり直す必要がないときは義務を履行するにつれて顧客が便益を享受すると考える（指針9項）。

② 企業が顧客との契約における義務を履行することにより、資産が生じる又は資産の価値が増加し、それにつれて顧客が当該資産を支配すること（例えば、顧客が所有する土地で行われる建物建築工事契約の場合は、顧客は企業の履行から生じる仕掛品を支配する）。

③ 企業が創出した資産は、ⅰ）他に転用できないものであり、かつ、ⅱ）企業が履行済み部分に対する対価を収受する強制力のある権利を有していること（例えば、コンサルティング・サービス）。

　　ⅰ）「資産を別の用途に転用できない場合」とは、別の用途に容易に使用することが契約上制限されている場合、あるいは完成した資産を別の用途に容易に使用することが実務上制約されている場合である（指針10項）。「実務上制約されている場合」とは、当該資産を別の用途に使用するために重要な経済的損失（手を加えるためのコスト、大きな損失を伴う売却等）が生じる場合である。例えば、顧客仕様の資産又は遠隔地にある資産を別の用途に使用する等である（指針117項、118項）。

　　例えば、製品の基本設計は汎用的であるものの、大幅に顧客仕様のものとなる最終製品を製造する契約においては、最終製品を別の用途に転用するに当たって、大幅な手直しが必要となるかどうかを

判断する（指針120項）。

ⅱ）「履行した部分に対する対価を収受する権利」とは、企業が履行しなかったこと以外の理由で契約が解約される際に、少なくとも完了した部分についての補償を受ける権利をいう。権利の有無の判定は、契約条件及び当該契約に関連する法律を考慮して行う（指針11項）。当該権利について契約上明記されていない場合であっても、法令や判例等により確認されるかどうか、法的拘束力の有無、企業の取引慣行等を考慮して判断する（指針13項）。完了した部分についての補償額は、合理的な利益相当額を含む現在までに移転した財又はサービスの販売価格相当額である（指針12項）。

　一定の期間にわたり充足される履行義務であっても、期間がごく短い工事契約及び受注制作のソフトウェアについて、契約における取引開始日から履行義務を充足すると見込まれる時点までの期間がごく短い場合は、一定の期間にわたり収益を認識せずに、完全に履行義務を充足した時点で収益を認識できる（指針95項）。

　工期がごく短い工事は、通常、金額的な重要性が乏しいと想定され、完全に履行義務を充足した時点で収益を認識しても財務諸表間の比較可能性を大きく損なうものではないと考えられるため、代替的な取扱いを認めた。受注制作のソフトウェアについても同様の代替的な取扱いを認めた（指針96項）。

　なお、当該代替的な取扱いは、工事契約及び受注制作のソフトウェアのみに適用することができる。一定の期間にわたり収益を認識するその他の契約に適用することはできない（指針169項）。

第 3 章
新会計基準に対応する改正基本通達

### 税法の対応

**（基本通達2-1-21の２～６ ⇨ 役務の提供に係る収益の計上時期の通則）新設**

**ア．履行義務が一定期間にわたり充足されるものに係る収益の帰属の時期**

　役務の提供に係る収益の額は、その役務の提供が、履行義務が一定の期間にわたり充足されるものに該当する場合には、役務の提供の期間において履行義務が充足されていくそれぞれの日の属する事業年度の益金の額に算入し、履行義務が一時点で充足されるものに該当する場合には、引渡し等の日の属する事業年度の益金の額に算入するとしている（基通2-1-21の２、３）。

**（参考）基本通達2-1-21の２**

　役務の提供（法第64条第１項《長期大規模工事の請負に係る収益及び費用の帰属事業年度》の規定の適用があるもの及び同条第２項《長期大規模工事以外の工事の請負に係る収益及び費用の帰属事業年度》の規定の適用を受けるものを除き、平成30年３月30日付企業会計基準第29号「収益認識に関する会計基準」の適用対象となる取引に限る。以下2-1-21の３までにおいて同じ。）のうちその履行義務が一定の期間にわたり充足されるもの（以下2-1-30までにおいて「履行義務が一定の期間にわたり充足されるもの」という。）については、その履行に着手した日から引渡し等の日（物の引渡しを要する取引にあってはその目的物の全部を完成して相手方に引き渡した日をいい、物の引渡しを要しない取引にあってはその約した役務の全部を完了した日をいう。以下2-1-21の７までにおいて同じ。）までの期間において履行義務が充足されていくそれぞれの日が法第22条の２第１項《収益の額》に規定する役務の提供の日に該当し、その収益の額は、その履行義務が充足されていくそれぞれの日の属する事業年度の益金の額に算入されることに留意する。

**イ．履行義務が一時点で充足されるものに係る収益の帰属の時期**

　役務の提供のうち、履行義務が一定の期間にわたり充足されるもの以外のものについては、その引渡しの日の属する事業年度の益金の額とすると

**145**

している（基通2-1-21の3）。

---

（参考）**基本通達2-1-21の3**

　役務の提供のうち履行義務が一定の期間にわたり充足されるもの以外のもの（以下2-1-30までにおいて「履行義務が一時点で充足されるもの」という。）については、その引渡し等の日が法第22条の2第1項《収益の額》に規定する役務の提供の日に該当し、その収益の額は、引渡し等の日の属する事業年度の益金の額に算入されることに留意する。

---

### ウ．履行義務が一定の期間にわたり充足されるもの

　履行義務が一定の期間にわたり充足されるものに該当する要件を定めている（基通2-1-21の4）。それらの要件は、新会計基準が定めたものと実質的にも、表現も同じである。

---

（参考）**基本通達2-1-21の4**

　次のいずれかを満たすものは履行義務が一定の期間にわたり充足されるものに該当する。

　⑴　取引における義務を履行するにつれて、相手方が便益を享受すること。

　　（注）　例えば、清掃サービスなどの日常的又は反復的なサービスはこれに該当する。

　⑵　取引における義務を履行することにより、資産が生じ、又は資産の価値が増加し、その資産が生じ、又は資産の価値が増加するにつれて、相手方がその資産を支配すること。

　　（注）　上記の資産を支配することとは、当該資産の使用を指図し、当該資産からの残りの便益のほとんど全てを享受する能力（他の者が当該資産の使用を指図して当該資産から便益を享受することを妨げる能力を含む。）を有することをいう。

　⑶　次の要件のいずれも満たすこと。

　　イ　取引における義務を履行することにより、別の用途に転用することができない資産が生じること。

　　ロ　取引における義務の履行を完了した部分について、対価の額を収受する強制力のある権利を有していること。

---

146

第 3 章
新会計基準に対応する改正基本通達

## 6 履行義務が一定の期間にわたり充足されるものに係る収益の額の算定

**新会計基準**

### ア．収益の算定の原則

　一定の期間にわたり充足される履行義務については、履行義務の充足に係る進捗度を見積もり、進捗度に基づき一定期間にわたり収益を認識する（基準41項）。

　期間がごく短い工事契約及び受注制作のソフトウェアについては、一定の期間にわたり収益を認識せず、完全履行を充足した時点で収益を認識できる（指針95項）。

　履行義務のそれぞれについて、単一の方法で進捗度を見積もり、その方法は類似の履行義務及び類似の状況に首尾一貫して適用しなければならない（基準42項）。履行義務の充足に係る進捗度は、各決算日に見直し、進捗度の見積りを変更する場合は、会計上の見積りの変更として処理する（基準43項）。

　進捗度を測定するための信頼性ある情報が不足している場合は、合理的な進捗度を測定できない。合理的に見積もることができる場合のみ、一定の期間にわたり充足される履行義務について収益を認識する（基準44項）。

### イ．原価回収基準による収益の額の算定

　進捗度を合理的に測定できないが、履行義務を充足するためのコストを回収できると見込んでいる場合は、合理的に見積もることができる時まで、一定期間にわたり充足される履行義務について<u>原価回収基準</u>により処理する（回収することができると見込まれる費用の額で収益を認識する）（基準45項）。

　しかし、契約の初期段階において、履行義務の充足に係る進捗度を合理的に見積もることができない場合には、初期段階における収益を認識せず

**147**

に、進捗度を合理的に見積もることができる時から収益を認識することができる（指針99項）。

### ウ．進捗度の見積り

進捗度を見積もる方法には、アウトプット法とインプット法がある。その方法を決定するには、財又はサービスの性質を考慮する（指針15項）。

進捗度の見積りに当たっては、履行義務を充足して顧客に支配を移転する財又はサービスの影響を進捗度の見積りに反映するが、顧客に支配を移転しない財又はサービスの影響は見積りに反映しない（指針16項）。

### １）アウトプット法（指針17項〜19項）

アウトプット法は、現在までに移転した顧客にとっての価値を直接的に見積もるものであり、顧客に現在までに移転している財又はサービスと契約において約束した残りの財又はサービスとの比率に基づき、収益を認識するものである。アウトプット法に使用される指標には、現在までに履行を完了した部分の調査、達成した成果の評価、経過期間、生産単位数、引渡単位数等がある（17項）。

実務上の便法として、企業が現在までに完了した履行に対する顧客の価値に直接対応する金額で顧客から対価を受ける権利を有している場合には、企業は請求する権利を有している金額で収益を認識することができる（19項）。例えば、企業が提供したサービスの時間数ごとに固定金額を請求するサービス契約は、企業は請求する権利を有している金額で収益を認識することができる。顧客と年間契約のフィットネスクラブで、顧客は年間を通じて自由にクラブを利用できる場合の月会費等が該当する。

### ２）インプット法（指針20項〜22項）

インプット法は、履行義務を充足するために既に発生したインプット（消費した資源、発生労働時間、発生したコスト、経過期間、機械の稼働時間等）が、履行義務を完全に充足するまでに予想されるインプット合計に占める割合

に基づいて収益を認識する方法である（20項）。例えば、日本の従来の工事契約会計基準における原価比例法による進捗度もインプット法である。

履行義務を充足するためのインプットが、顧客への財又はサービスの支配の移転と直接関連しない場合は、関連しないインプットの影響を除外し、進捗度の見積りを修正する（22項）。

ⅰ）発生したコストが履行義務の充足に寄与しない場合。例えば、契約の価格に反映されていなかった、重大な非効率に起因して生じたコスト（予想外の原材料、労働力の仕損じコスト）は除外する。

ⅱ）発生したコストが履行義務の充足に係る進捗度に比例しない場合。財のコストは進捗度を測定する際に除外し、当該財のコストの範囲内でのみ別途収益を計上する。当該財に対する収益以外の収益に、修正された進捗度を乗じて計上すべき収益を計算する（次ページ【事例】参照）。

「進捗度の測定から除外し、別途収益を認識する財」とは、例えば、建設請負契約における、工事のために購入し在庫している金額の大きな引当材、他社から購入した設備等が該当すると考えられる。

従来の日本基準による場合でも、しばしば企業が特定された請負工事のために購入して保管している引当原材料について、進捗度を測定する際に発生原価に含めるか否かが問題になることがある。引当原材料の価額に重要性がある場合は、原価比例法により測定した進捗度と、実際の加工（作業）進捗度と大きな乖離が生じ、工事進捗度を合理的に反映していないことがある。このような場合は、他の方法（例えば、直接作業時間比率、床面積比などのアウトプット）を適用するとしている（工事契約に関する会計基準第56項、第57項）。

**149**

【事例】 進捗度の測定—インプット法（未据付資材）

・建設会社A社は、顧客Bと、2018年1月に事務所棟の改装工事契約を締結。

・改装工事は、事務所に新規にエレベーターを設置することも含めて、10百万円で請け負った。

・A社の見積原価は、エレベーター調達原価3百万円、その他の原価5百万円（合計8百万円）である。

・決算期末日3月31日までに発生した原価は、エレベーターの調達原価3百万円、その他の原価1百万円である。エレベーターはエレベーター製造の専門会社から既製品を購入したものであり、B社に移転する前に、一時的にA社の資材倉庫に保管してある。

・請負工事の納期は5月末であるが、エレベーターは4月末まで設置されない。

・A社は、進捗度の測定は原価発生率（インプット法）で行っている。

・A社は決算期末にいくらの工事収益を計上すべきか。

【会計処理】

・エレベーターの調達原価は見積り総原価に対して重要性のある金額（3百万円÷8百万円＝37.5％）である。進捗度の測定にその原価を含めると、履行義務の充足程度に比べ過大な収益を認識することになってしまう。

・エレベーターの調達原価を発生原価から除外する。修正された進捗度で認識される収益は、契約価額からエレベーターの調達原価を除外した金額である。エレベーターの移転に係る収益は、エレベーターの調達原価と同額で認識する。

・決算期末の進捗率は20％（その他の原価発生率＝1百万円÷5百万円）

・工事収益　4.4百万円

　（(10百万円－エレベーターの調達原価3百万円) ×20％＝1.4百万円)

　＋エレベーターの調達原価3百万円

・工事原価　4百万円（エレベーターの調達原価3百万円＋その他原価1

百万円）

・工事利益　　0.4百万円（4.4百万円－4百万円）

・会計処理（金額単位：百万円）

（仕訳）　完成工事未収入金（契約資産）　4.4／売上高　　　　4.4
　　　　　売上原価　　　　　　　　　　4 ／未成工事支出金　4

---

**税法の対応**

**（基本通達2-1-21の5及び6⇨履行義務が一定の期間にわたり充足されるものに係る収益の額の算定の通則）**

**ア．収益の額の算定（基本通達2-1-21の5）**

　履行義務が一定の期間にわたり充足されるものに係るその履行に着手した日の属する事業年度から引渡し等の日の属する事業年度の前事業年度までの各事業年度の所得の金額の計算上益金の額に算入する収益の額は、提供した役務につき通常得るべき対価の額に相当する金額に当該各事業年度終了の時における履行義務の充足に係る進捗度を乗じて計算した金額から、当該各事業年度前の各事業年度の収益の額とされた金額を控除した金額とすることを明らかにしている（基通2-1-21の5）。従来の工事契約において用いられてきた工事進行基準の計算方法と同じである。

　当該通達の注意書きは、まさに新会計基準に対応した取扱いが書かれている。そこでは、履行義務の充足に係る進捗度を合理的に見積もれない場合の原価回収基準の採用及び契約初期段階における適用除外の認容が明示されている。

・本文の算定方法は、履行義務の充足に係る進捗度を合理的に見積もることができる場合に限り適用する。

・履行義務の充足に係る進捗度を合理的に見積もることができない場合でも、発生した原価の額を回収することができる範囲で収益を計上する。

・上記の取扱いにかかわらず、履行に着手した初期段階において進捗度を合理的に見積もることができない場合は、収益の額を計上しないことができる。

---

**（参考）基本通達2-1-21の5**

　履行義務が一定の期間にわたり充足されるものに係るその履行に着手した日の属する事業年度から引渡し等の日の属する事業年度の前事業年度までの各事業年度の所得の金額の計算上益金の額に算入する収益の額は、別に定めるものを除き、提供する役務につき通常得べき対価の額に相当する金額に当該各事業年度終了の時における履行義務の充足に係る進捗度を乗じて計算した金額から、当該各事業年度前の各事業年度の収益の額とされた金額を控除した金額とする。

　（注）1　本文の取扱いは、履行義務の充足に係る進捗度を合理的に見積もることができる場合に限り適用する。

　　　　2　履行義務の充足に係る進捗度を合理的に見積もることができない場合においても、当該履行義務を充足する際に発生する原価の額を回収することが見込まれる場合には、当該履行義務の充足に係る進捗度を合理的に見積もることができることとなる時まで、履行義務を充足する際に発生する原価のうち回収することが見込まれる原価の額をもって当該事業年度の収益の額とする。

　　　　3　（注）2にかかわらず、履行に着手した後の初期段階において、履行義務の充足に係る進捗度を合理的に見積もることができない場合には、その収益の額を益金の額に算入しないことができる。

---

## イ．履行義務の充足に係る進捗度（基本通達2-1-21の6）

　履行義務の充足に係る進捗度は、役務の提供に係る原価の合計額のうちに、既に要した原材料費、労務費その他の経費の合計額の占める割合その他の方法により計算した割合をいうとしている。原価比例によるインプット法を代表例として挙げているが、その他の合理的な方法も認めている。

　日常的又は反復的なサービスの場合（事務所の清掃サービス等）は、事

業年度末日までに経過した期間の占める割合は、合理的な進捗度として認めている。

　新会計基準の適用に合わせ、基本通達2-1-21の6で、履行義務の充足にかかわる進捗度は履行義務を遂行するための原価の合計額のうち、既に要した原材料費、労務費その他の経費の額のうちに、履行義務の充足に係る進捗度に寄与しないもの又は比例しないものがある場合には、その金額を進捗度の見積りに反映させないことができるとしている（150ページ【事例】参照）。

　なお、この規定は法人税法施行令第129条第3項に規定する「進行割合」（長期大規模工事の工事進行基準の進捗度）の算定について準用される（基通2-4-18の2）。

---

（参考）基本通達2-1-21の6
　2-1-21の5の「履行義務の充足に係る進捗度」とは、役務の提供に係る原価の額の合計額のうちにその役務の提供のために既に要した原材料費、労務費その他の経費の額の合計額の占める割合その他の履行義務の進捗の度合を示すものとして合理的と認められるものに基づいて計算した割合をいう。
　（注）1　2-1-21の4（1）（注）の日常的又は反復的なサービスの場合には、例えば、契約期間の全体のうち、当該事業年度終了の日までに既に経過した期間の占める割合は、履行義務の進捗の度合を示すものとして合理的と認められるものに該当する。
　　　　2　本文の既に要した原材料費、労務費その他の経費の額のうちに、履行義務の充足に係る進捗度に寄与しないもの又は比例しないものがある場合には、その金額を進捗度の見積りには反映させないことができる。

## 7 役務の提供に係る収益の計上時期の具体的な取扱い

ここからの基本通達2-1-21の7〜11は、内容的には改正前の通達を一部改正したものである。従来の計上時期の取扱いを原則とし、新会計基準に対応して新設された基本通達2-1-21の2〜6までの取扱いは要件（新会計基準の要件と同じ）を備えていれば認めるというものである。

＊　　　　　　　　　　＊

賃貸借契約に基づく使用料等の帰属の時期（基本通達2-1-29）については、新会計基準の取扱いを原則としている。

#### 新会計基準

企業は、履行義務を一定の期間にわたり充足するのか、それとも一時点で充足するのかを決定しなければならない（基準36項）。

契約内容又は取引内容を吟味し、一定の期間にわたり充足される履行義務か否かの要件のいずれかに該当すれば、一定の期間にわたり収益を認識する（基準38項）。いずれにも該当しなければ一時点で収益を認識することになる。

一定の期間にわたり充足される履行義務に該当する要件については、既に再三述べてきたので詳しいことは省略するが、実務的に最も判定いかんによっては影響が大きいと思われる建設工事について、要件のいずれかに該当するのかを検討してみる。

#### ➡要件1：義務を履行するにつれて顧客が便益を享受する（指針9項）

仮に他の企業が顧客に対する残存履行義務を充足する場合に、企業が現在までに完了した作業を大幅にやり直す必要がないときには、企業が顧客との契約における義務を履行するにつれて、顧客が便益を享受するものと

する。他の企業が作業を大幅にやり直す必要がないかどうかを判定する場合には、ⅰ）企業の残存履行義務を他の企業に移転することを妨げる契約上の制限又は実務上の制約は存在しないこと、ⅱ）残存履行義務を充足する他の企業は、企業が現在支配する資産からの便益を享受しないことを前提とする。

工事の途中で契約解除になったが、それまでの工事を大幅にやり直す必要はなく、それまでの工事を他の業者が続行する場合には、履行した部分は顧客が便益を享受したことになるので、当該要件は満たされる。

### ➡要件2：義務を履行するにつれて資産が生じ、顧客が資産を支配する（基準38項）

工事が進行するにつれ仕掛品という資産が生じる。生じた仕掛品を顧客が支配するかといえば、法的には仕掛品は引き渡されていないので、企業の支配下にあると考えられるが、顧客が契約を解除し、他の業者に残存する工事を続行させることができるので、仕掛品を支配しているといえる。

工事契約書に記載の内容によって判断されるが、例えば、顧客の土地の上に建設を行う工事契約の場合は、一般的に顧客は企業の履行から生じる仕掛品を支配する。

### ➡要件3-1：別の用途に転用できない資産が生じる（指針10項）

資産を別の用途に転用することができるかどうかの判定は、契約における取引開始日に行う。契約における取引開始日以後は、履行義務を著しく変更する契約変更がある場合を除き、当該判定を見直さない。

「資産を別の用途に転用することができない場合」とは、企業が履行するにつれて生じる資産又は価値が増加する資産を別の用途に容易に使用することが契約上制限されている場合、あるいは完成した資産を別の用途に容易に使用することが実務上制約されている場合である。

顧客の敷地内に建設される顧客仕様の自社ビル等の工事は、上記の要件に該当する。

> **➡要件 3 - 2 ：履行した部分について対価を収受する強制力のある権利を有していること（指針11項〜13項）**

　履行を完了した部分について対価を収受する強制力のある権利を有しているかどうかの判定は、契約条件及び当該契約に関連する法律を考慮して行う。

　「履行を完了した部分について対価を収受する強制力のある権利を有している場合」とは、契約期間にわたり、企業が履行しなかったこと以外の理由で契約が解約される際に、少なくとも履行を完了した部分についての補償を受ける権利を有している場合である。

　履行を完了した部分についての補償額は、合理的な利益相当額を含む、現在までに移転した財又はサービスの販売価格相当額である。合理的な利益相当額に対する補償額は、次のいずれかである。

　　・契約に基づき履行を完了した部分について合理的に見積もった利益相当額の一定割合
　　・対象となる契約における利益相当額が、同様の契約から通常予想される利益より多額の場合には、当該同様の契約から予想される合理的な利益相当額

　履行を完了した部分について対価を収受する権利の有無及び当該権利の強制力の有無を判定するに当たっては、契約条件及び当該契約条件を補足する又は覆す可能性のある法令や判例等を考慮する。当該考慮に当たっては、例えば、次を考慮する。

　　・当該権利について、契約上明記されていない場合であっても、法令や判例等により確認されるかどうか。
　　・判例等により、同様の契約における当該権利について、法的拘束力がないことが示されているかどうか。
　　・当該権利を強制しないことを選択する企業の取引慣行があることにより、当該権利は法的に強制力があるとはいえない結果が生じるかどう

か。ただし、同様の契約において企業が当該権利を放棄することを選択する場合であっても、顧客との契約により、履行を完了した部分について対価を収受する権利に引き続き強制力があるときには、当該権利を有していることとなる。

通常の工事契約においては、企業が履行義務を果たさなかった理由で契約が解約される以外は、少なくとも履行を完了した部分については補償を受ける権利はあると考えられるが、現実はケースバイケースであるから、工事契約書の記載事項、関連法規に十分注意する必要がある。

上記のような条件があっても、通常の契約を想定すれば当該要件を満たしているといえる。

## 【結論】

新会計基準第38項の要件のうち、1及び3は満たしていると考えられる。2の要件は契約条件によっては該当することになる。

したがって、<u>工事契約に関する会計処理は、一定の期間にわたり履行義務を充足し収益を認識</u>する。実質的には工事進行基準による収益の計上ができるといえる。

ただし、履行義務の充足にかかる進捗度を合理的に見積もることができる場合にのみ、一定期間にわたり収益を認識することができる（基準44項）。進捗度を合理的に見積もることができない場合は、原価回収基準による収益計上をする。工事契約会計基準とは異なり、工事進行基準と工事完成基準の2者択一ではない。


## 税法の対応

### ア．長期大規模工事

新会計基準においては、いわゆる長期大規模工事契約も一定の期間にわたり充足される履行義務に該当する。履行義務の充足に係る進捗度を基準に収益を計上するが、従来の工事進行基準と同じである（細かい会計処理

の手続きは多少異なるが、期末における収益計上結果は同じになる）。

　法人税法においても長期大規模工事に対する工事進行基準については改正は行われていない。従来どおり適用される（法法64）。

　法人税法では、工事期間が1年以上かつ請負金額10億円以上の工事は、工事進行基準が強制適用される（法令129）。

---

〈長期請負工事〉

　①　長期大規模工事……**工事進行基準の強制適用**（損失が生じると見込まれる場合も含む）

　条件　・工事期間1年以上

　　　　・請負対価10億円以上

　　　　・対価の2分の1以上が、引渡し日の1年経過後に支払われることが定められていない。

　②　上記以外の長期請負工事……**工事完成基準と工事進行基準の選択適用**

　　　　（工事進行基準は継続適用が条件。損失が見込まれる工事を含む）

---

　長期大規模工事に該当するかどうかの判定についての基本通達は一部改正された。従来は、判定は工事契約ごとに行われたが、同時に行われた複数の契約を単一の履行義務と識別した場合は、その単一の履行義務の金額で判定するとしている（基通2-4-14）。

　また、工事の目的物について個々に引渡しが可能な場合の、長期大規模工事に該当するかどうかの判定についても、基本通達は一部改正された。

　判定基準は一つの契約ごとが原則であるが、個々に独立した契約が一つの契約書に一括して記載されていると認められる工事の請負については、個々に独立した契約ごとに判定を行うことができる（ここまでは新旧通達同じ規定）。改正点は、一つの契約の中に複数の履行義務が含まれている場合は、それぞれの履行義務ごとに判定を行うこととしていることである

（基通2-4-15）。

　長期大規模工事に適用される進捗度の測定においても、進捗度に関与しない原価等がある場合は、その金額を進捗度に反映させない（基通2-4-18の２）。

---

**（参考）法人税法第64条**

　内国法人が、長期大規模工事（工事（製造及びソフトウエアの開発を含む。（略））のうち、その着手の日から当該工事に係る契約において定められている目的物の引渡しの期日までの期間が１年以上であること、政令で定める大規模な工事であることその他政令で定める要件に該当するものをいう。（略））の請負をしたときは、その着手の日の属する事業年度からその目的物の引渡しの日の属する事業年度の前事業年度までの各事業年度の所得の金額の計算上、その長期大規模工事の請負に係る収益の額及び費用の額のうち、当該各事業年度の収益の額及び費用の額として政令で定める工事進行基準の方法により計算した金額を、益金の額及び損金の額に算入する。

2　内国法人が、工事（その着手の日の属する事業年度（以下この項において「着工事業年度」という。）中にその目的物の引渡しが行われないものに限るものとし、長期大規模工事に該当するものを除く。以下この条において同じ。）の請負をした場合において、その工事の請負に係る収益の額及び費用の額につき、着工事業年度からその工事の目的物の引渡しの日の属する事業年度の前事業年度までの各事業年度の確定した決算において政令で定める工事進行基準の方法により経理したときは、その経理した収益の額及び費用の額は、当該各事業年度の所得の金額の計算上、益金の額及び損金の額に算入する。ただし、その工事の請負に係る収益の額及び費用の額につき、着工事業年度後のいずれかの事業年度の確定した決算において当該工事進行基準の方法により経理しなかつた場合には、その経理しなかつた決算に係る事業年度の翌事業年度以後の事業年度については、この限りでない。

3　（省略）

**（参考）法人税法施行令第129条**

　法第64条第１項（工事の請負に係る収益及び費用の帰属事業年度）に規定する政令で定める大規模な工事は、その請負の対価の額（その支払が外

国通貨で行われるべきこととされている工事（製造及びソフトウエアの開発を含む。以下この目において同じ。）については、その工事に係る契約の時における外国為替の売買相場による円換算額とする。）が10億円以上の工事とする。

2　法第64条第1項に規定する政令で定める要件は、当該工事に係る契約において、その請負の対価の額の2分の1以上が当該工事の目的物の引渡しの期日から1年を経過する日後に支払われることが定められていないものであることとする。

3　法第64条第1項及び第2項に規定する政令で定める工事進行基準の方法は、工事の請負に**係る収益**の額及びその工事原価の額（当該事業年度終了の時（略）の現況によりその工事につき見積もられる工事の原価の額をいう。以下この項において同じ。）に当該事業年度終了の時におけるその工事に係る進行割合（工事原価の額のうちにその工事のために既に要した原材料費、労務費その他の経費の額の合計額の占める割合その他の工事の進行の度合を示すものとして合理的と認められるものに基づいて計算した割合をいう。）を乗じて計算した金額から、それぞれ当該事業年度前の各事業年度の収益の額とされた金額及び費用の額とされた金額を控除した金額を当該事業年度の収益の額及び費用の額とする方法とする。（**太字**は改正政令）

4　内国法人の請負をした工事（当該工事に係る追加の工事を含む。）の請負の対価の額が当該事業年度終了の時において確定していないときにおける法第64条第1項の規定の適用については、その時の現況により当該工事につき見積もられる工事の原価の額をその請負の対価の額**及び前項の工事の請負に係る収益の額**とみなす。（**太字**は改正政令）

5　内国法人の請負をした工事（法第64条第2項本文の規定の適用を受けているものを除く。）が請負の対価の額の引上げその他の事由によりその着手の日の属する事業年度（以下この項において「着工事業年度」という。）後の事業年度（その工事の目的物の引渡しの日の属する事業年度（以下この項において「引渡事業年度」という。）を除く。）において長期大規模工事（同条第1項に規定する長期大規模工事をいう。以下この目において同じ。）に該当することとなつた場合における同項の規定の適用については、第3項の規定にかかわらず、当該工事の請負に係る既往事業年度分の収益の額及び費用の額（その工事の請負に係る収益の額及び費用の額につき着工事業年度以後の各事業年度において同項に規定する工

事進行基準の方法により当該各事業年度の収益の額及び費用の額を計算することとした場合に着工事業年度からその該当することとなつた日の属する事業年度（以下この項において「適用開始事業年度」という。）の直前の事業年度までの各事業年度の収益の額及び費用の額とされる金額をいう。）は、当該適用開始事業年度から引渡事業年度の直前の事業年度までの各事業年度の当該工事の請負に係る収益の額及び費用の額に含まれないものとすることができる。ただし、当該工事の請負に係る収益の額及び費用の額につき、次の各号に掲げる場合に該当することとなつたときは、当該各号に定める事業年度以後の事業年度については、この限りでない。

一　当該適用開始事業年度以後のいずれかの事業年度の確定した決算において第3項に規定する工事進行基準の方法により経理した場合　その経理した決算に係る事業年度

二　当該適用開始事業年度以後のいずれかの事業年度において本文の規定の適用を受けなかつた場合　その適用を受けなかつた事業年度

6　内国法人の請負をした長期大規模工事であつて、当該事業年度終了の時において、その着手の日から6月を経過していないもの又はその第3項に規定する進行割合が100分の20に満たないものに係る法第64条第1項の規定の適用については、第3項の規定にかかわらず、当該事業年度の当該長期大規模工事の請負に係る収益の額及び費用の額は、ないものとすることができる。ただし、当該長期大規模工事の請負に係る収益の額及び費用の額につき、その確定した決算において同項に規定する工事進行基準の方法により経理した事業年度以後の事業年度については、この限りでない。

7　法第64条第1項の規定を適用する場合において、同項の内国法人が長期大規模工事に着手したかどうかの判定は、当該内国法人がその請け負つた工事の内容を完成するために行う一連の作業のうち重要な部分の作業を開始したかどうかによるものとする。この場合において、工事の設計に関する作業が当該工事の重要な部分の作業に該当するかどうかは、当該内国法人の選択による。

8〜11　（省略）

**（参考）基本通達2-4-14**

請け負った工事が法第64条第1項《長期大規模工事の請負に係る収益及

161

び費用の帰属事業年度》に規定する長期大規模工事に該当するかどうかは、当該工事に係る契約ごとに判定するのであるが、複数の契約書により工事の請負に係る契約が締結されている場合であって、当該契約に至った事情等からみてそれらの契約全体で一の工事を請け負ったと認められる場合には、当該工事に係る契約全体を一の契約として長期大規模工事に該当するかどうかの判定を行うことに留意する。

 （注） 2-1-1⑴に定めるところにより区分した単位を一の取引の単位とすることとした場合には、当該単位により判定を行うことに留意する。

## （参考）基本通達2-4-15

 工事の請負に係る一の契約においてその目的物について個々に引渡しが可能な場合であっても、当該工事が法第64条第1項《長期大規模工事の請負に係る収益及び費用の帰属事業年度》に規定する長期大規模工事に該当するかどうかは、当該一の契約ごとに判定することに留意する。

 ただし、その目的物の性質、取引の内容並びに目的物ごとの請負の対価の額及び原価の額の区分の状況などに照らして、個々に独立した契約が一の契約書に一括して記載されていると認められる工事の請負については、当該個々に独立した契約ごとに長期大規模工事の判定を行うことができる。

 （注） 2-1-1⑵に定めるところにより区分した単位を一の取引の単位とすることとした場合（当該区分した単位ごとに対価の額が区分されている場合に限る。）には、当該単位により判定を行うことに留意する。

## （参考）基本通達2-4-18の2

 2-1-21の6（注）2は、令第129条第3項《工事進行基準の方法》に規定する「進行割合」の算定について準用する。

## イ．請負による収益（基本通達2-1-21の7⇨請負に係る収益の帰属の時期）
### 実質一部改正

 請負による収益の額は、原則として引渡し等の日の属する事業年度の益金の額に算入するが、当該請負が一定の期間にわたり充足される履行義務に該当する場合において、その履行義務が充足されていくそれぞれの日の属する事業年度において進捗度に応じて算定される額を益金の額に算入し

ているときは、これを認めることを明らかにしている。

　請負契約が建設工事の場合、その建設工事の引渡しの日は、例えば、作業を完了した日、相手方の受入場所に搬入した日、相手方が検収を完了した日、相手方が使用収益ができることとなった日等、企業が合理的と考える基準日を継続して適用している日とする（基通2-1-21の8）。

---

**（参考）基本通達2-1-21の7**

　請負（長期大規模工事等の請負を除く（筆者注））については、別に定めるものを除き、2-1-21の2及び2-1-21の3にかかわらず、その引渡し等の日が法第22条の2第1項《収益の額》に規定する役務の提供の日に該当し、その収益の額は、原則として引渡し等の日の属する事業年度の益金の額に算入されることに留意する。ただし、当該請負が2-1-21の4(1)から(3)までのいずれかを満たす場合において、その請負に係る履行義務が充足されていくそれぞれの日の属する事業年度において2-1-21の5に準じて算定される額を益金の額に算入しているときは、これを認める。
　（注）1　例えば、委任事務又は準委任事務の履行により得られる成果に対して報酬を支払うことを約している場合についても同様とする。
　　　　2　2-1-1の4の取扱いを適用する場合には、その事業年度において引き渡した建設工事等の量又は完成した部分に対応する工事代金の額をその事業年度の益金の額に算入する。

**（参考）基本通達2-1-21の8**

　2-1-21の7本文の場合において、請負契約の内容が建設工事等を行うことを目的とするものであるときは、その建設工事等の引渡しの日がいつであるかについては、例えば作業を結了した日、相手方の受入場所へ搬入した日、相手方が検収を完了した日、相手方において使用収益ができることとなった日等当該建設工事等の種類及び性質、契約の内容等に応じその引渡しの日として合理的であると認められる日のうち法人が継続してその収益計上を行うこととしている日によるものとする。

---

163

## ウ．不動産取引（基本通達2-1-21の9⇨不動産の仲介あっせん報酬の帰属の時期）実質一部改正

土地、建物等の売買、交換又は賃貸借の仲介又はあっせんしたことによる報酬は、一定の期間にわたり充足される履行義務に該当する場合を除き（改正点）、以下の日に収益を計上する。

- ・原則：売買等に係る契約の効力が発生した日
- ・その他の日（継続適用前提）：取引の完了した日（同日前に実際に収受した金額がある場合は収受日）

---

**（参考）基本通達2-1-21の9**

　土地、建物等の売買、交換又は賃貸借（以下2-1-21の9において「売買等」という。）の仲介又はあっせんをしたことによる報酬の額は、その履行義務が一定の期間にわたり充足されるものに該当する場合（2-1-21の7本文の取扱いを適用する場合を除く。）を除き、原則としてその売買等に係る契約の効力が発生した日の属する事業年度の益金の額に算入する。ただし、法人が、売買又は交換の仲介又はあっせんをしたことにより受ける報酬の額について、継続して当該契約に係る取引の完了した日（同日前に実際に収受した金額があるときは、当該金額についてはその収受した日。以下2-1-21の9において同じ。）において収益計上を行っている場合には、当該完了した日は、その役務の提供の日に近接する日に該当するものとして、法第22条の2第2項(収益の額)の規定を適用する。

---

## エ．技術役務の提供（基本通達2-1-21の10⇨技術役務の提供に係る報酬の帰属の時期）実質一部改正

設計、作業の指揮監督、技術指導その他の技術役務の提供に対して受ける報酬は、一定の期間にわたり充足される履行義務に該当する場合を除き（改正点）、以下の日を収益計上の日とする。

- ・原則：約束した役務の全部の提供を完了した日
- ・基本通達2-1-1の5（技術役務の提供に係る収益の計上単位）を適用

する場合：支払いを受けるべき報酬が確定する都度

---

**（参考）基本通達2-1-21の10**

設計、作業の指揮監督、技術指導その他の技術役務の提供を行ったことにより受ける報酬の額は、その履行義務が一定の期間にわたり充足されるものに該当する場合（2-1-21の7本文の取扱いを適用する場合を除く。）を除き、原則としてその約した役務の全部の提供を完了した日の属する事業年度の益金の額に算入するのであるが、2-1-1の5の取扱いを適用する場合には、その支払を受けるべき報酬の額が確定する都度その確定した金額をその確定した日の属する事業年度の益金の額に算入する。ただし、その支払を受けることが確定した金額のうち役務の全部の提供が完了する日まで又は1年を超える相当の期間が経過する日まで支払を受けることができないこととされている部分の金額については、その完了する日とその支払を受ける日とのいずれか早い日までその報酬の額を益金の額に算入することを見合わせることができる。

---

## オ．運送業の収益（基本通達2-1-21の11⇨運送収入の帰属の時期）実質一部改正

運送業における運送収入は、<u>一定の期間にわたり充足される履行義務に該当する場合を除き</u>（改正点）、以下の日を収益計上の日とする。

・原則：運送に係る役務の提供を完了した日

・その他の日（継続適用前提）：

　① 乗車券、乗船券、搭乗券を発売した日

　② 船舶、航空機等が積地を出発した日

　③ 一つの航海を完了した日（4か月以内）（注）

　④ 運送業を営む2以上の法人（相互乗入れ）が運賃の交互計算又は共同計算を行っている場合は、その配分が確定した日

　⑤ 海上運送業による滞船料の額が確定した日

（注）改正前の基本通達2-1-13の規定を、新会計基準が、重要性の観点から代替的な取扱いとして認めた。

一航海の船舶が、発港地を出発してから帰港地に到着するまでの期間が通常の期間である場合は、複数の顧客の貨物を積載する船舶の、一航海を単一の履行義務としたうえで、当該期間にわたり収益を認識することができる（指針97項）。

「通常の期間」とは、運送サービスの履行に伴う空船廻航期間を含み、運送サービスの履行を目的としない船舶の移動又は待機期間を除く期間をいう。内航海運又は外航海運において、通常の期間である場合には短期間であると想定されるため、代替的な取扱いを認めた。

---

**（参考）基本通達2-1-21の11**

運送業における運送収入の額は、その履行義務が一定の期間にわたり充足されるものに該当する場合（2-1-21の7本文の取扱いを適用する場合を除く。）を除き、原則としてその運送に係る役務の提供を完了した日の属する事業年度の益金の額に算入する。ただし、法人が、運送契約の種類、性質、内容等に応じ、例えば次に掲げるような方法のうちその運送収入に係る収益の計上基準として合理的であると認められるものにより継続してその収益計上を行っている場合には、当該計上基準により合理的と認められる日は、その運送収入に係る役務の提供の日に近接する日に該当するものとして、法第22条の2第2項《収益の額》の規定を適用する。

⑴　乗車券、乗船券、搭乗券等を発売した日（自動販売機によるものについては、その集金をした時）にその発売に係る運送収入の額につき収益計上を行う方法

⑵　船舶、航空機等が積地を出発した日に当該船舶、航空機等に積載した貨物又は乗客に係る運送収入の額につき収益計上を行う方法

⑶　一の航海（船舶が発港地を出発してから帰港地に到着するまでの航海をいう。以下2-1-21の11において同じ。）に通常要する期間がおおむね4月以内である場合において、当該一の航海に係る運送収入の額につき当該一の航海を完了した日に収益計上を行う方法

⑷　運送業を営む2以上の法人が運賃の交互計算又は共同計算を行っている場合における当該交互計算又は共同計算によりその配分が確定した日に収益計上を行う方法

⑸　海上運送業を営む法人が船舶による運送に関連して受払いする滞船

料について、その額が確定した日に収益計上を行う方法

（注）　早出料については、その額が確定した日の属する事業年度の損
　　　　金の額に算入することができる。

## 力．賃貸借契約（基本通達2-1-29⇨賃貸借契約に基づく使用料等の帰属の時期）
### 一部改正

資産の賃貸借は、一定の期間にわたり充足される履行義務に該当するの
で、基本通達2-1-21の2を適用して収益を計上する（改正点）。

ただし、その資産の使用料等の額について、賃貸借契約又は慣習により
支払いを受けるべき日に収益を計上することもできる。支払いを受けるべ
き日は役務の提供の日に近接する日に該当する。

---

**（参考）基本通達2-1-29**

　　資産の賃貸借（金融商品取引及びリース取引に該当するものを除く（筆
者注））は、履行義務が一定の期間にわたり充足されるものに該当し、その
収益の額は2-1-21の2の事業年度の益金の額に算入する。ただし、資産の
賃貸借契約に基づいて支払を受ける使用料等の額（前受けに係る額を除く。）
について、当該契約又は慣習によりその支払を受けるべき日において収益
計上を行っている場合には、その支払を受けるべき日は、その資産の賃貸
借に係る役務の提供の日に近接する日に該当するものとして、法第22条の
2第2項《収益の額》の規定を適用する。

　（注）1　当該賃貸借契約について係争（使用料等の額の増減に関するも
　　　　　　の を除く。）があるためその支払を受けるべき使用料等の額が確定
　　　　　　せず、当該事業年度においてその支払を受けていないときは、相
　　　　　　手方が供託をしたかどうかにかかわらず、その係争が解決して当
　　　　　　該使用料等の額が確定し、その支払を受けることとなるまで当該
　　　　　　使用料等の額を益金の額に算入することを見合わせることができ
　　　　　　るものとする。

　　　　2　使用料等の額の増減に関して係争がある場合には（注）1の取扱
　　　　　　いによらないのであるが、この場合には、契約の内容、相手方が
　　　　　　供託をした金額等を勘案してその使用料等の額を合理的に見積も

るものとする。

3 収入する金額が期間のみに応じて定まっている資産の賃貸借に係る収益の額の算定に要する2-1-21の6の進捗度の見積りに使用されるのに適切な指標は、通常は経過期間となるため、その収益は毎事業年度定額で益金の額に算入されることになる。

# 8 知的財産のライセンスの供与に係る収益の計上時期

ライセンスは企業の知的財産に対する顧客の権利を設定するものである。知的財産のライセンスには次のようなものがある（限定列挙ではない）。

① ソフトウェア及び技術
② 動画、音楽及び他の形態のメディア及びエンターテイメント
③ フランチャイズ
④ 特許権、商標権及び著作権等

**新会計基準**

## ア．ライセンスの供与が財又はサービス移転と識別できない場合

企業は、ライセンスを顧客に供与する約束に加えて、他の財又はサービスを顧客に移転することを約束する場合がある。

① ライセンスが有形資産の一部であり、その財の機能性と不可分であるライセンス

例えば、部品制御のソフトウェアの供与と自動車の顧客への移転は単一の履行義務である。

② 関連するサービスとの関連でのみ便益を得られるライセンス

その他の方法では便益を得られない。

例えば、企業が提供するオンライン・サービスで、顧客がコンテンツへのアクセスが可能になるもの。

技術革新が急速な産業において、知的財産をライセンスすると同時に知的財産に関するアップグレードの特約を付ける場合、顧客はアップグレードなしには十分な便益を受けられない状況では、ライセンスとアップグレードは高度に関連しており、契約において履行義務を区別することはできない。

ライセンスを供与する約束が、顧客との契約における他の財又はサービスを移転する約束と別個のものでない場合は、両者を一括して単一の履行義務として処理し、一定の期間にわたり充足される義務であるか一時点で充足される履行義務であるかを判定する（指針61項）。

### イ．ライセンス供与の企業の約束の性質判定と会計処理

契約の性質（ライセンスを供与する際の企業の約束の性質、すなわち、ライセンスへのアクセス権利か、ライセンスの使用権利かの相違）によって、一定期間にわたり履行義務を充足するものか、一時点で充足される履行義務かを決定する（指針62項）。

① 　ライセンス期間にわたり存在する企業の知的財産にアクセスする権利を供与する場合は、一定期間にわたり充足される履行義務として処理する。

② 　ライセンスが供与される時点で存在する企業の知的財産を使用する権利を供与する場合は、一時点で充足される履行義務として処理し、顧客がライセンスを使用してライセンスからの便益を享受できる時に収益を認識する。便益を享受できる期間の開始前には収益を認識しない。例えば、ソフトウェアの使用に必要なコードを顧客に提供する前にソフトウェアのライセンス期間が開始する場合、コードを提供する前には収益を認識しない。

ライセンス供与の性質の判定に当たっては、ⅰ）時期、地域又は用途の

制限、ⅱ）企業が知的財産に対する有効な特許を有しており、当該特許の不正使用を防止するために企業が提供する保証を考慮しない（指針66項）。

## ウ．知的財産へのアクセス権利を提供（一定期間にわたり充足する履行義務）

以下の三つの要件のすべてに該当する場合は、顧客が権利を有している知的財産の形態、機能性又は価値が継続的に変化しており、企業の知的財産にアクセスする権利を提供するものである（指針63項）。

① ライセンスにより顧客が権利を有する知的財産に著しく影響を与える活動を企業が行うことが、契約により定められているか又は顧客によりそれが合理的に期待されていること

② 顧客が権利を有している知的財産に著しく影響を与える企業の活動により、顧客が直接的に影響を受けること

③ 顧客が権利を有している知的財産に著しく影響を与える企業の活動の結果として、企業の活動が生じたとしても、財又はサービスが顧客に移転しないこと

例えば、自社ブランドを利用するライセンスを提供する場合に当てはめると、①企業のブランド・マーケティング活動を顧客が期待し、②企業の当該活動は、ライセンスに基づく権利に重要な影響を与えているが、③当該活動は顧客に財及びサービスを提供するものではないということである。

顧客が権利を有している知的財産に著しく影響を与える企業の活動とは、次のいずれかに該当する場合である（指針65項）。

① 知的財産の形態（例えば、デザイン、コンテンツ）又は機能（例えば、機能を実行する能力）を著しく変化させると見込まれること

② 顧客が知的財産からの便益を享受する能力が、当該企業の活動により得られること又は当該企業の活動に依存していること

## エ．知的財産を使用する権利を提供（一時点で充足される履行義務）

前項適用指針第63項のいずれかに該当しない場合は、ライセンスが供与される時点で存在する企業の知的財産を使用する権利を提供するものであり、一時点で充足される履行義務として会計処理される（指針62項、64項）。

例えば、企業が顧客との契約においてソフトウェア・ライセンスを提供する際に、別個にインストール・サービス、アップグレード、テクニカル・サポートの履行義務を認識している場合、

- ・ライセンスが顧客に移転した時点で、ソフトウェアは機能し、ソフトウェアの便益は顧客が利用、獲得することができる
- ・ソフトウェア移転後に、顧客はライセンスに関係する知的財産に重要な影響を与える企業の活動を期待していない
- ・ライセンスは一時点で顧客に移転しているので、ライセンス期間を通じて知的財産は変更されない
- ・その他の三つのサービスは別個の履行義務として認識している

ので、ソフトウェア・ライセンスは、ある一時点で存在する企業の知的財産を使用する権利を顧客に提供しているものであり、一時点で充足される履行義務として処理する。

### 税法の対応

## ア．知的財産のライセンスの供与に係る収益の計上時期の原則（基通2-1-30⇨知的財産のライセンスの供与に係る収益の帰属時期）新設

新会計基準の知的財産にアクセスする権利と知的財産を使用する権利の区別にぴたりと対応した取扱いである。

知的財産のライセンスの供与に係る収益の額については、次に掲げる知的財産のライセンスの性質に応じ、それぞれ次に定める取引に該当するものとしている。

① ライセンス期間にわたり存在する法人の知的財産にアクセスする権

利履行義務が一定の期間にわたり充足されるもの

　　基本通達2-1-21の2を適用し収益を計上する。

②　ライセンスが供与される時点で存在する法人の知的財産を使用する

　　権利履行義務が一時点で充足されるもの

　　基本通達2-1-21の3を適用し収益を計上する。

---

**（参考）基本通達2-1-30**

　　知的財産のライセンスの供与に係る収益の額については、次に掲げる知的財産のライセンスの性質に応じ、それぞれ次に定める取引に該当するものとして、2-1-21の2及び2-1-21の3の取扱いを適用する。

　（1）　ライセンス期間にわたり存在する法人の知的財産にアクセスする権利　履行義務が一定の期間にわたり充足されるもの

　（2）　ライセンスが供与される時点で存在する法人の知的財産を使用する権利　履行義務が一時点で充足されるもの

---

## イ．工業所有権等に係る収益の計上時期

　「工業所有権等」とは、特許権、実用新案権、意匠権及び商標権並びにこれらの権利に係る出願権及び実施権をいう。

**（基本通達2-1-30の2 ⇨ 工業所有権等の実施権の設定に係る収益の帰属時期）**

**新設**

　工業所有権等の実施権の設定により受ける対価（使用料は除く）も、ライセンスの供与の規定に従って、知的財産にアクセスする権利の提供か、知的財産を使用する権利の判定を行い、会計処理を行わなければならないが、次に掲げる日に収益を計上している場合は、実施権の設定に係る役務の提供の日に近接する日に該当するとして、その日を収益の計上時点とする。

①　実施権設定に関する契約の効力発生日

②　設定の効力が登録により生ずることになっている場合は登録日

工業所有権等の譲渡に係る収益の計上時期については、改正後の基本通達2-1-16があるが、譲渡について企業が、①譲渡契約の効力発生日、②譲渡の効力が登録により生ずる場合はその登録日に収益計上を行っている場合は、それらの日を引渡しの日に近接する日に該当するとして認めるとしている。当該通達は、旧通達の一部を改正したものであるが内容に変更はない。

税法では従来、工業所有権等は無形固定資産であり、そこにアクセスする権利か使用権を譲渡するのかを検討し、異なる処理を適用することはしなかった。固定資産の譲渡としてとらえていた規定を、税独自の規定として残している。

---

**（参考）基本通達2-1-30の2**

工業所有権等の実施権の設定により受ける対価（使用料を除く。）の額につき法人が次に掲げる日において収益計上を行っている場合には、2-1-21の2及び2-1-21の3にかかわらず、次に掲げる日はその実施権の設定に係る役務の提供の日に近接する日に該当するものとして、法第22条の2第2項《収益の額》の規定を適用する。

(1) その設定に関する契約の効力発生の日

(2) その設定の効力が登録により生ずることとなっている場合におけるその登録の日

**（参考）基本通達2-1-16**

工業所有権等（特許権、実用新案権、意匠権及び商標権並びにこれらの権利に係る出願権及び実施権をいう。以下この節において同じ。）の譲渡につき法人が次に掲げる日において収益計上を行っている場合には、次に掲げる日は、その引渡しの日に近接する日に該当するものとして、法第22条の2第2項《収益の額》の規定を適用する。

(1) その譲渡に関する契約の効力発生の日

(2) その譲渡の効力が登録により生ずることとなっている場合におけるその登録の日

## ウ．ノウハウの頭金等の帰属の時期

ノウハウも知的財産である。ノウハウは産業上利用可能な秘密に保持された技術的な情報として理解されている。また、ここでいう「情報」とは、資料などの有形の媒体に記録された情報以外にも、人間による技術的指導といった無形のものも含まれる。

ノウハウの頭金等の帰属の時期を決定するには、ノウハウの頭金等の収益の計上単位の規定（基通2-1-1の6）を整理する必要がある。

**（基本通達2-1-1の6 ⇨ ノウハウの頭金等の収益の計上単位）新設**

ノウハウの開示が2回以上にわたって分割して行われ、かつ、設定契約に際して支払われる一時金又は頭金が開示の分割にほぼ見合って分割して行われることになっている場合は、その開示した部分に区分した単位ごとに収益を計上する。

（注）1　一時金又は頭金が、ノウハウの開示のために現地に派遣する技術者等の数及び滞在期間の日数等により算定され、一定の期間ごとにその金額を確定させて支払われる場合は、その期間ごとに収益を計上する。

（注）2　ノウハウの設定契約の締結に先立って、相手方に契約締結のオプションを付与する場合は、オプションの提供は別の取引の単位として収益を計上する。

**（基本通達2-1-30の3 ⇨ ノウハウの頭金等の帰属の時期）新設**

ノウハウの設定も知的財産ライセンスの提供であるので、前述したようにライセンスの供与の性質を判定して、新会計基準に対応して設けられた基本通達2-1-21の2及び2-1-21の3を適用すべきであるが、それにもかかわらず、当該ノウハウの開示を完了した日を収益計上の日と定めている。ここにも税独自のルールを残してある。

基本通達2-1-1の6の規定は、そっくり収益計上時点と対応している。

・ノウハウの開示が分割して行われる場合は、開示の都度支払いを受け

るべき金額を収益に計上する（通達本文）。

・上記（注）1を適用する場合は、支払いを受ける金額が確定した都度、確定額を確定した日に収益を計上する。

・上記（注）2を適用する場合は、オプション料は支払いを受けた日を収益の計上日とする。

旧基本通達2-1-17（ノーハウの頭金等の帰属の時期）は削除されたが、その内容は新設された基本通達2-1-1の6及び2-1-30の3に引き継がれた。

---

**（参考）基本通達2-1-30の3**

　ノウハウの設定契約に際して支払（返金が不要な支払を除く。以下2-1-30の3において同じ。）を受ける一時金又は頭金に係る収益の額は、2-1-21の2及び2-1-21の3にかかわらず、当該ノウハウの開示を完了した日の属する事業年度の益金の額に算入する。ただし、2-1-1の6本文の取扱いを適用する場合には、その開示をした都度これに見合って支払を受けるべき金額をその開示をした日の属する事業年度の益金の額に算入する。

（注）1　2-1-1の6（注）1の取扱いを適用する場合には、その一時金又は頭金の支払を受けるべき金額が確定する都度その確定した金額をその確定した日の属する事業年度の益金の額に算入する。

　　　2　2-1-1の6（注）2の取扱いを適用する場合には、ノウハウの設定契約の締結に先立って、相手方に契約締結の選択権を付与するために支払を受けるいわゆるオプション料の額については、その支払を受けた日の属する事業年度の益金の額に算入する。

---

# 9 売上高等に基づく知的財産のライセンスの使用料の収益計上時期

**新会計基準**

　知的財産のライセンス供与に対して受け取る売上高ベース又は使用量

ベースのロイヤルティが、知的財産のライセンスのみに関連している場合（あるいは「支配的な項目」である場合）は、次のいずれか遅い方で、売上高又は使用量に基づくロイヤルティについて収益を認識する（指針67項）。

① 知的財産のライセンスに関連して顧客が売上高を計上する時又は顧客が知的財産のライセンスを使用する時

② 売上高又は使用量に基づくロイヤルティの一部又は全部が配分されている履行義務が充足あるいは部分的に充足される時

「『支配的な項目』である場合」とは、例えば、ロイヤルティが関連する財又はサービスの中で、ライセンスに著しく大きな価値を顧客が見出すことを、企業が合理的に予測できる場合である（指針152項）。例えば、企業が顧客に、特定地域や一定期間に企業が特許を有している商品又は製品の販売権を独占的に認める契約をしたような場合である。

　知的財産のライセンスを供与する契約において、売上高のX％を顧客が支払うという場合、提供されるライセンスの価格は将来の顧客の売上高にかかっており、取引開始日では不明であり本来は変動対価である。しかし、変動対価として見積もらずに、売上高が確定した日以後に対価が確定し収益を計上するという取扱いである。

　なお、ロイヤルティを現金で受領する時点で収益を認識する代替的な取扱いは認めていない（指針185項）。

### 税法の対応

**（基本通達2-1-30の４⇨知的財産のライセンスの供与に係る売上高等に基づく使用料に係る収益の帰属の時期）新設**

　新会計基準の適用に対応し、同じ趣旨の基本通達を新設した。当該使用料を取引開始日においては変動対価と認めたうえで、変動対価の規定の取扱いはしないとしている。

知的財産のライセンスの供与に対して受け取る売上高又は使用量に基づく使用料が知的財産のライセンスのみに関連している場合又は当該使用料において知的財産のライセンスが主な項目である場合には、次に掲げる日のうちいずれか遅い日の属する事業年度において当該使用料についての収益の額を益金の額に算入することを明らかにしている。

①　知的財産のライセンスに関連して相手方が売上高を計上する日又は相手方が知的財産のライセンスを使用する日

②　当該使用料に係る役務の全部又は一部が完了する日

---

**（参考）基本通達2-1-30の4**
　知的財産のライセンスの供与に対して受け取る売上高又は使用量に基づく使用料が知的財産のライセンスのみに関連している場合又は当該使用料において知的財産のライセンスが主な項目である場合には、2-1-1の11の取扱いは適用せず、2-1-21の2及び2-1-21の3にかかわらず、次に掲げる日のうちいずれか遅い日の属する事業年度において当該使用料についての収益の額を益金の額に算入する。
　(1)　知的財産のライセンスに関連して相手方が売上高を計上する日又は相手方が知的財産のライセンスを使用する日
　(2)　当該使用料に係る役務の全部又は一部が完了する日

---

　知的財産のうち、工業所有権等又はノウハウの使用料については、継続適用を前提として、支払いを受けることになっている日に収益を計上することができる（基通2-1-30の5）。

　海外における売上高又は使用量に基づくロイヤルティ等、収益額を算定する際に発生時の計算基礎の入手が実務上困難であり、継続して契約によりロイヤルティ収入を受け取る場合は、現金を受け取る時点で収益の計上を認めることは、実務上の便宜と収益額の確実性を考慮した税法独自のスタンスである。

> **(参考) 基本通達2-1-30の 5　(一部改正)**
> 　2-1-21の 2 及び2-1-21の 3 並びに2-1-30の 4 にかかわらず、工業所有権等又はノウハウを他の者に使用させたことにより支払を受ける使用料の額について、法人が継続して契約によりその使用料の額の支払を受けることとなっている日において収益計上を行っている場合には、当該支払を受けることとなっている日は、その役務の提供の日に近接する日に該当するものとして、法第22条の 2 第 2 項(収益の額)の規定を適用する。

# 10 商品引換券等の発行に係る収益の計上時期及び非行使部分に係る収益の計上時期

**新会計基準**

　将来において財又はサービスを移転する又は移転するための準備を行うという履行義務について、顧客から支払いを受けた時に、支払いを受けた金額で契約負債を認識する。企業が財又はサービスを移転し、履行義務を充足した時に、当該契約負債の消滅を認識し、収益を認識する（指針52項）。

　しかし、顧客が前払いに対する契約上の権利の全部は行使しない場合がある。その非行使の権利は「非行使部分」と呼ばれる（指針53項）。

　契約負債の非行使部分について、企業が将来において非行使部分の金額に対する権利を得ると見込む場合には（非行使部分に相当する金額を返金する必要がないと見込まれる場合）、非行使部分の金額について<u>顧客による権利行使のパターンと比例的に収益を認識する</u>。

　非行使部分について、企業が権利を得ると見込んでいない場合は、顧客が残りの権利を行使する可能性が非常に低くなった時に収益を認識する（指針54項）。

　非行使部分については、顧客がその権利を行使しないことが見込まれるか否か（収益を認識したとしても、重大な戻入れが生じない可能性が高いか否

か）を判断し、会計処理を決める。

　商品引換券、ギフト券、図書券等を顧客に販売することは、財又はサービス提供の履行義務に対する顧客の前払金である。企業が、財又はサービス移転の前に顧客から支払いを受けた場合、財又はサービスを移転するという履行義務について、契約負債を認識する。当該履行義務を充足した時点で、契約負債の認識を中止し、収益を認識する。

① 　行使しないことが見込まれる場合は、<u>非行使部分に係る収益を、顧客が権利を行使するパターンに比例して認識する。</u>

② 　行使しないことが見込まれない場合は、顧客が残りの権利を行使する可能性がほとんどなくなった時に収益として認識する。

　なお、顧客の未行使の権利に帰属する受け取った対価のうち、法律に従って企業が他の当事者（政府機関等）への送金を要求されるものがある場合は、収益ではなく負債を認識しなければならない（指針56項）。

---

【事例】 ギフト券の販売

・雑貨小売業Ａ社は、使用期限のない１枚1,000円のギフト券を当期に10百万円販売した。

・ギフト券はＡ社の運営する店舗でのみ使用できる。

・Ａ社の過去の実績から、販売済みギフト券のうち、顧客が使用しない率は10％であった。

・当期において、当期販売したギフト券は6.3百万円使用された。

【会計処理】（仕訳金額単位：百万円）

　　・ギフト券発行時は負債を認識

　　　（仕訳）　現金預金　　　　10／前受金（ギフト券契約負債）　　　10

・商品と引き換えた時点に、当期行使部分6.3百万円と非行使部分の収益
認識部分0.7百万円の合計7百万円を収益として認識

非行使部分：10百万円×10％＝1百万円

権利行使率：6.3百万円÷9百万円（10百万円×90％）＝70％

非行使部分の収益認識：1百万円×70％＝0.7百万円

　（仕訳）　前受金（ギフト券契約負債）　　　7／売上高　　　7

※非行使部分の収益のみ雑収入とする処理もある。

　ギフト券等を発行した段階で、非行使部分について顧客が権利を行使しないことが当該事例のように経験率等で見込まれる場合は、行使部分に比例して収益が認識される。

　上記は、自社で発行したギフト券について、自社の商品と交換された場合の会計処理である。全国百貨店共通商品券の場合は、自社で発行した商品券が他の百貨店で使用されるケースもある。他の百貨店で使用された場合は全国百貨店協会が管理する精算センターで精算されるため、その場合、商品券を発行した時の会計処理は同じであるが、精算時の会計処理は、「（貸方）売上高」ではなく、「（貸方）現金預金（消費税込）」になる。非行使部分に係る会計処理は雑収入に計上される。

　従来の日本基準における実務では、ギフト券、商品券、旅行券等の販売については、顧客から財又はサービスの移転の前に対価を受領する時点で前受金等の負債を認識し、財又はサービスを提供した時点で、負債の認識を中止し収益を認識する。

【従来の会計処理】（金額単位：百万円）

・ギフト券発行時は負債を認識

　（仕訳）　現金預金　　　10／ギフト券（前受金）　　　10

・商品と引き換えた時点で収益を認識

（仕訳）　ギフト券（前受金）　　6.3／売上高　　　6.3

　ギフト券の発行の段階では顧客が権利を行使しないことを見込まず、前受金を受け取った時点から一定期間経過後に、顧客が財又はサービスの移転に対する権利を使用しないことにより、負債の残存部分があれば、債務履行の可能性を考慮して一定の要件を満たす場合に、負債の認識を中止し収益を計上する会計処理を行う。

　契約内容によっては、残存部分に「法律上の債務性」が残っている可能性があるものでも、負債中止・収益計上の会計処理をする。法律上の債務性の争点があるものの、債権者から返還請求を受けた場合は、それに応じて返還している実務慣行もある。

　最終的に債権者から返還請求されず、債務を履行する可能性が低い場合は、負債計上を中止し、中止処理後、将来返還請求に応じた費用が発生することになるため、リスクの備えとして企業会計原則注解（注18）の引当金計上の要否を検討する必要がある（日本公認会計士協会保証実務委員会実務指針第42号）。

### 税法の対応

　従来の税法上の規定は、商品引換券等の発行に係る収益の帰属時期は、原則として顧客に対し発行した日の属する事業年度としていた。

　しかし、新会計基準による会計処理に対応し、基本通達2-1-39の改正が行われ、非行使部分に係る収益の帰属の時期について、基本通達2-1-39の2が新設された。

**（基本通達2-1-39⇨商品引換券等の発行に係る収益の帰属の時期）　一部改正**

　それによれば、商品券を発行し顧客に販売した時点では収益を認識せずに、商品の引渡し等に応じて益金に算入するとしている。しかし、商品引換券等の発行から10年経過した日（同日前に次に掲げる事実が生じた場合に

は、当該事実が生じた日）に、商品の引渡しが完了していない商品引換券等は益金に算入する（基通2-1-39）。

① 法人が発行した商品引換券等をその発行に係る事業年度ごとに区分して管理しないこと又は管理しなくなったこと

② その商品引換券等の有効期限が到来すること

③ 法人が継続して収益計上を行うこととしている基準に達したこと

　　例えば、発行日からXX年経過した場合、未引換券枚数が発行総数のXX％になった場合のように、企業があらかじめ定め継続的に適用している合理的な基準に達することをいう。

　経過的な取扱いとして、新たに基準を決めるまでの間は、従来どおり商品券の発行時又は足掛け5年目（発行に係る事業年度の終了の日の翌日から3年を経過した日）において未計上となっている商品引換券等に係る対価の額を一括して益金算入することも認める（経過的取扱い（6））。

　なお、収益認識会計基準が適用される上場企業等は、会計上、商品券の発行時に契約負債を計上し、商品の引渡し時に収益計上する処理が適用されるため、申告調整により、発行事業年度で益金算入することはできない。

---

**（参考）基本通達2-1-39**
　法人が商品の引渡し又は役務の提供（以下2-1-39において「商品の引渡し等」という。）を約した証券等（以下2-1-39の2までにおいて「商品引換券等」という。）を発行するとともにその対価の支払を受ける場合における当該対価の額は、その商品の引渡し等（商品引換券等に係る商品の引渡し等を他の者が行うこととなっている場合における当該商品引換券等と引換えにする金銭の支払を含む。以下2-1-39において同じ。）に応じてその商品の引渡し等のあった日の属する事業年度の益金の額に算入するのであるが、その商品引換券等の発行の日（適格合併、適格分割又は適格現物出資（以下この章において「適格組織再編成」という。）により当該商品引換

券等に係る契約の移転を受けたものである場合にあっては、当該移転をした法人が当該商品引換券等を発行した日）から10年が経過した日（同日前に次に掲げる事実が生じた場合には、当該事実が生じた日。2-1-39の2において「10年経過日等」という。）の属する事業年度終了の時において商品の引渡し等を完了していない商品引換券等がある場合には、当該商品引換券等に係る対価の額（2-1-39の2の適用を受けて益金の額に算入された部分の金額を除く。）を当該事業年度の益金の額に算入する。（昭55年直法2-8「六」により追加、平12年課法2-7「二」、平14年課法2-1「七」、平22年課法2-1「七」、平30年課法2-8「二」により改正）

(1) 法人が発行した商品引換券等をその発行に係る事業年度ごとに区分して管理しないこと又は管理しなくなったこと。

(2) その商品引換券等の有効期限が到来すること。

(3) 法人が継続して収益計上を行うこととしている基準に達したこと。

(注) 例えば、発行日から一定年数が経過したこと、商品引換券等の発行総数に占める2-2-11に規定する未引換券の数の割合が一定割合になったことその他の合理的に定められた基準のうち法人が予め定めたもの（会計処理方針その他のものによって明らかとなっているものに限る。）がこれに該当する。

## （参考）法人税基本通達最終改正日：平成30年6月29日

### 経過的取扱い(6)　商品引換券等の発行に係る収益の帰属の時期

　法人が平成30年4月1日前に終了した事業年度において発行した商品引換券等につきこの法令解釈通達による改正前の2-1-39本文の適用を受けている場合又はこの法令解釈通達による改正前の2-1-39ただし書の確認を受けている場合（同日以後に終了する事業年度においてこの法令解釈通達による改正後の2-1-39(3)の基準を定めていない場合に限る。）において、同日以後に終了する事業年度において発行した商品引換券等のうち未引換となっている対価の額を次の場合の区分に応じ、それぞれ次に定める日の属する事業年度の確定した決算において収益として経理した場合（当該事業年度の確定申告書において益金算入に関する申告の記載をした場合を含む。）には、新たに当該基準を定める日までの間は「次に定める日の属する事業年度終了の日が到来すること」を法人が継続して収益を計上することとしている基準として予め定めているものとしてこの法令解釈通達による改正後の2-1-39(3)を取扱うことができる。

(1) この法令解釈通達による改正前の2-1-39本文の適用を受けている場

合　その発行日

(2)　この法令解釈通達による改正前の2-1-39ただし書の確認を受けている場合　その発行に係る事業年度（適格合併、適格分割又は適格現物出資により当該商品引換券等に係る契約の移転を受けたものである場合にあっては、当該移転をした法人の発行に係る事業年度）終了の日の翌日から3年を経過した日

## 【新旧通達の比較】

| 益金算入の時期 | 改正後通達 | 改正前通達 |
|---|---|---|
| 原則的な取扱い | 商品引換券等と引き換えに商品を引き渡した日 | 商品引換券等を発行した日 |
| 例外的な取扱い | ・発行年度別に区分管理していない場合<br>⇨商品引換券等を発行した日に全額益金算入<br>・商品引換券等を発行した日から10年経過日等において未引換えの商品引換券等の対価を一括して益金に算入<br>・税務署長の確認は不要 | ・発行に係る事業年度ごとに区分して管理している場合<br>⇨①商品引換券等と引き換えに商品を引渡しの日に計上し、②足掛け5年経過した事業年度終了の時に未引換えの商品引換券等の対価を益金に算入<br>・税務署長の確認が必要 |

## （基本通達2-1-39の2 ⇨非行使部分に係る収益の帰属の時期）新設

新会計基準の規定に合わせて新設された通達である。

商品引換券等を発行するとともにその対価の支払いを受ける場合において、その商品引換券等に係る権利のうち相手方が行使しないと見込まれる部分の金額（以下「非行使部分」）があるときは、その商品引換券等の発行の日から10年経過日等の属する事業年度までの各事業年度においては、当該非行使部分に係る対価の額に権利行使割合を乗じて得た金額から既に益金の額に算入された金額を控除する方法その他のこれに準じた合理的な方法に基づき計算された金額を益金の額に算入することができるとしている。

「10年経過日等」とは、基本通達2-1-39の規定で述べたとおりである。

① 商品引換券等を発行した日から10年を経過した日（最長）

② 10年経過日前に次の事実が発生した場合

ⅰ）商品引換券等を発行の事業年度ごとに区分して管理しなくなったこと

ⅱ）商品引換券等の有効期限が到来すること

ⅲ）法人が継続して収益計上を行うこととしている基準に達したこと

---

**（参考）基本通達2-1-39の2 （新設）**

　法人が商品引換券等を発行するとともにその対価の支払を受ける場合において、その商品引換券等に係る権利のうち相手方が行使しないと見込まれる部分の金額（以下「非行使部分」という。）があるときは、その商品引換券等の発行の日から10年経過日等の属する事業年度までの各事業年度においては、当該非行使部分に係る対価の額に権利行使割合（相手方が行使すると見込まれる部分の金額のうちに実際に行使された金額の占める割合をいう。）を乗じて得た金額から既にこの取扱いに基づき益金の額に算入された金額を控除する方法その他のこれに準じた合理的な方法に基づき計算された金額を益金の額に算入することができる。

　（注）1　本文の非行使部分の見積りを行う場合には、過去における権利の不行使の実績を基礎とする等合理的な方法により見積もられたものであること及びその算定の根拠となる書類を保存していることを要する。

　　　　2　10年経過日等の属する事業年度において、非行使部分に係る対価の額のうち本文により益金の額に算入されていない残額を益金の額に算入することとなることに留意する。

---

**【事例】商品券発行と非行使部分**（国税庁 HP より編集）

・企業Bは1枚当たり1千円のギフトカードを500枚、合計500千円を顧客に発行した。

・過去の経験から、発行済ギフトカードのうち10%である50千円分が非行
　使部分になると見込んでいる。

・発行した翌期に200千円相当の商品と引き換えられ、消費税（税率8％）
　を含めて行使された。

【会計処理】
　・商品券の権利行使割合　顧客は216枚の商品券を使用した。
　　（200千円の商品＋消費税16千円）÷１千円＝216枚
　　非行使部分の枚数（見積り）　500枚×10％＝50枚
　　商品券の行使割合　216枚÷450枚＝48％
　・非行使部分の収益計上　50千円×48％＝24千円

（金額単位：千円）

|  | 会　計 | 法人税の取扱い | 消費税の取扱い |
|---|---|---|---|
| 商品券発行時 | **企業B**<br>現金　　　500／契約負債　　500 | **企業B**（原則は同左、下記も認める）<br>現金　　　500／雑収入　500 | **企業B**<br>不課税　　　　　　　500 |
|  | **顧客**<br>商品券　　500／現金　　　　500 | **顧客**<br>同左 | **顧客**<br>不課税　　　　　　　500 |
| 商品券行使時 | **企業B**<br>契約負債　240／売上　　　　200<br>　　　　　　　／仮受消費税　16<br>　　　　　　　／雑収入　　　24<br>売上原価　XX／商品　　　　XX | **企業B**（認容方式）<br>売上原価　XX／商品　　　　XX<br>（基通9-7-2） | **企業B**<br>課税売上の対価　　200<br>消費税　　　　　　　16 |
|  | **顧客**<br>仕入　　　200／商品券　　　216<br>仮払消費税　16／ | **顧客**<br>同左 | **顧客**<br>課税仕入の対価　　200<br>消費税　　　　　　　16 |

# ⑪ 自己発行ポイント等の付与に係る収益の計上時期

　わが国には企業の営業促進のため多様な形態のポイント制度がある。商
品の販売時に付与するポイント、新規会員登録時に付与するポイント、入

店するだけで付与するポイント、アンケートに回答するだけで付与するポイント等々である。

　新会計基準で規定されているポイント制度は、**追加の財又はサービスに対する顧客のオプション－ポイント制度であり、商品の販売やサービスの提供に付随したものであり、顧客に重要な権利として与え得る場合である。**

　**それ以外のポイント制度については、従来の会計基準による処理のように企業会計原則注解（注18）の要件を満たすものについて、引当金を計上することになる。当該引当金の繰入額の損金算入は認められない。**

### 新会計基準

　追加的な財又はサービスを無料又は値引価格で取得するという顧客のオプションには、多くの形態がある。例えば、販売インセンティブ、顧客特典ポイント、契約更新オプション、あるいは将来の財又はサービスに係る値引き等がある。

　このようなオプションのうち、契約を締結しなければ顧客が受け取れない重要な権利を顧客に提供されるものに限り、企業は契約における履行義務を認識しなければならない。このような履行義務が充足されていない時点では、顧客はオプションの行使（将来の財又はサービスの提供を受けること）に対して企業に前払いをしているとされる。企業は、顧客がオプションを行使した時又はオプションの消滅時に収益を認識する（指針48項）。

　ここで留意すべきは、当該オプションは、契約を締結することによって顧客に提供される重要な権利の場合のみである。重要な権利とは、例えば、当該財又はサービスについて、その顧客階層にその地域又は市場において通常与えられる範囲の値引きではなくその増分の値引きを受ける権利である。要するに、契約した顧客にのみ与える特別な特典を意味している（同項）。

　顧客が追加の財又はサービスを取得するオプションが、その財又はサー

ビスの独立販売価格を反映する価格で取得するものである場合は、顧客に重要な権利を提供するものではない。この場合は、既存の契約の取引価格を追加の財又はサービスに対するオプションに配分せず、顧客がそのオプションを行使した時に追加の財又はサービスについて収益を認識する（指針49項）。

　オプション契約に関する履行義務は、販売取引とは独立した履行義務として、契約の取引価格を配分しなければならない。取引価格の配分は、独立販売価格の比率で行うこととされているが、追加的な財及びサービスを取得するオプションの独立販売価格が分からない（市場等において直接観察できない）場合は、企業は、顧客がオプションを行使しなくても通常受けられる値引きやオプション行使の可能性を考慮して見積もらなければならない（指針50項）。

---

【事例】 自己発行ポイント
・小売業A商店は、特別の会員登録をしている顧客限定で、売上金額100円に1ポイントを付与する。
・ポイントは次の買い物から1ポイント1円で利用できる。
・当期末までに付与したポイントは5百万ポイント（年間売上500百万円）であった。
・次期以降に利用されるポイント数は4百万ポイントと見積もられた。
・翌期において、売上高600百万円、実際に利用されたポイントは3百万ポイントであった。
・販売商品の独立販売価格は500百万円である。

【会計処理】
　・当期の販売価格5億円（500百万円）を各履行義務へ配分する。
　　1）顧客が通常受けられる値引きは0円

2）オプションの行使される可能性　4百万ポイント＝4百万円

オプション5百万ポイントの独立販売価格は、4百万円と見積もる。

・独立販売価格比率によって算定された配分価格（金額単位：百万円）

・商品496 ＝ 500 × $\dfrac{500}{(500＋4)}$

・オプション 4 ＝ 500 × $\dfrac{4}{(500＋4)}$

・当期：（仕訳）　現金預金　　　500／売上高　　　496

　　　　　　　　　　　　　　　　　／繰延収益　　　　4（契約負債）

・翌期：オプション行使3（4×3÷4）

　　　　（仕訳）　現金預金　　　600／売上高　　　600

　　　　　　　　　繰延収益　　　　3／売上高　　　　3

　日本の実務において、追加的な財又はサービスに対する顧客のオプションとしては、多くの業種で採用されているポイント制度がある。

　売上時に売上高に応じて顧客にポイントを付与し、後日、ポイントをポイント数に応じて自社の商品と交換したり、あらかじめ決めたポイントの価格を次回の購入時に利用できる（売上値引き）制度等様々な形態がある。

　このような取引について、日本基準には定めはなく、一般的には顧客のポイント利用により将来負担すると見込まれる費用を引当金に計上する実務が見られる。日本基準における実務で引当金を計上する場合、販売価格に基づく計算と企業が負担する原価を基礎とする計算がある。

### 税法の対応

　税法基準は、新会計基準の会計処理に合わせた規定が新たに設けられた。

### ア．自己発行ポイント等発行の取扱い

　**基本通達2-1-1の7（ポイント等を付与した場合の収益の計上単位）**において、自己発行ポイントを付与する場合、4つの要件のすべてに該当

するときは、継続適用を条件として、ポイントに取引価格の一部又は全部を配分することができるとしている。

　資産の販売等に伴い、自己発行ポイント等を相手方に付与する場合において、次に掲げる要件のすべてに該当するときは、継続適用を条件として、当該自己発行ポイント等について当初の資産の販売等とは別に、将来の取引に係る収入の一部又は全部の前受けとすることができることを明らかにしている。

① 　その付与した自己発行ポイント等が当初の資産の販売等の契約を締結しなければ相手方が受け取れない重要な権利を与えるものであること

② 　その付与した自己発行ポイント等が発行年度ごとに区分して管理されていること

③ 　法人がその付与した自己発行ポイント等に関する権利につきその有効期限を経過したこと、規約その他の契約で定める違反事項に相手方が抵触したことその他の当該法人の責に帰さないやむを得ない事情があること以外の理由により一方的に失わせることができないことが規約その他の契約において明らかにされていること

④ 　次のいずれかの要件を満たすこと

　イ．その付与した自己発行ポイント等の呈示があった場合に値引き等をする金額が明らかにされており、かつ、将来の資産の販売等に際して、たとえ1ポイント又は1枚のクーポンの呈示があっても値引き等をすることとされていること

　ロ．その付与した自己発行ポイント等が当該法人以外の者が運営するポイント等又は自ら運営する他の自己発行ポイント等で、イに該当するものと所定の交換比率により交換できることとされていること

　上記の要件①は、新会計基準の規定に対応した根本的な部分である。

その他の要件は、税法の恣意性排除と公平な取扱いのために設けられていると考えられる。要件②はポイントの発行年度ごとの管理であるが、企業では通常行われているので問題はないと考えられる。要件③のポイントの執行についての規約が明示されていれば問題ないといえる。

要件④については、企業が実施している現行のポイント制度が、必ずしも満たしているとはいえないので留意すべき要件である。

**要件④イ**：例えば、100ポイント単位でしか使用できないというようなポイント制度はよくあるが、この要件を満たすことはできない。ただし、この要件を満たす他社発行のポイントや商品クーポン（値引金額が明らかな値引券を指す）と交換できれば問題はなくなる。すなわち要件④ロを満たしている場合ということになる。

**要件④ロ**：ポイント交換により、交換できる他（他者でも自己発行の他のポイントでも可）のポイントが、要件④イを満たすものであれば、すべての要件はクリアできる。わが国では多数のポイント制度があるが、複数の制度間で交換できるケースが多い。例えば、航空会社のマイレージサービスは、一般的に一定のマイルが貯まらないと航空券と交換できないが、他社の運営するポイントや自社のショッピングで使えるポイントに交換でき、④イの要件を満たすことができる。

## 【結論】

要件④はイ及びロの要件が補完しあって、いずれかが④の要件を満たす場合が多いと想定されるので、自己発行ポイントに関して新会計基準と税法が乖離する場合は少ないと考えられる。

また、同基本通達の(注)において、取引価格を自己発行ポイント等相当額に合理的に割り振るとしている。「合理的」とは新会計基準の独立販売

価格による配分に対応したものである。

---

**（参考）基本通達2-1-1の7 （新設）**

　法人が資産の販売等に伴いいわゆるポイント又はクーポンその他これらに類するもの（以下2-1-1の7において「ポイント等」という。）で、将来の資産の販売等に際して、相手方からの呈示があった場合には、その呈示のあった単位数等と交換に、その将来の資産の販売等に係る資産又は役務について、値引きして、又は無償により、販売若しくは譲渡又は提供をすることとなるもの（当該法人以外の者が運営するものを除く。以下2-1-1の7及び2-1-39の3において「自己発行ポイント等」という。）を相手方に付与する場合（不特定多数の者に付与する場合に限る。）において、次に掲げる要件の全てに該当するときは、継続適用を条件として、当該自己発行ポイント等について当初の資産の販売等（以下2-1-1の7において「当初資産の販売等」という。）とは別の取引に係る収入の一部又は全部の前受けとすることができる。

(1)　その付与した自己発行ポイント等が当初資産の販売等の契約を締結しなければ相手方が受け取れない重要な権利を与えるものであること。

(2)　その付与した自己発行ポイント等が発行年度ごとに区分して管理されていること。

(3)　法人がその付与した自己発行ポイント等に関する権利につきその有効期限を経過したこと、規約その他の契約で定める違反事項に相手方が抵触したことその他の当該法人の責に帰さないやむを得ない事情があること以外の理由により一方的に失わせることができないことが規約その他の契約において明らかにされていること。

(4)　次のいずれかの要件を満たすこと。

　　イ　その付与した自己発行ポイント等の呈示があった場合に値引き等をする金額（以下2-1-1の7において「ポイント等相当額」という。）が明らかにされており、かつ、将来の資産の販売等に際して、たとえ1ポイント又は1枚のクーポンの呈示があっても値引き等をすることとされていること。

　　（注）　一定単位数等に達しないと値引き等の対象にならないもの、割引券（将来の資産の販売等の対価の額の一定割合を割り引くことを約する証票をいう。）及びいわゆるスタンプカードのようなものは上記イの要件を満たす自己発行ポイント等には該当し

ない。
　ロ　その付与した自己発行ポイント等が当該法人以外の者が運営する
　　ポイント等又は自ら運営する他の自己発行ポイント等で、イに該当
　　するものと所定の交換比率により交換できることとされていること。
　（注）　当該自己発行ポイント等の付与について別の取引に係る収入
　　　　の一部又は全部の前受けとする場合には、当初資産の販売等に
　　　　際して支払を受ける対価の額を、当初資産の販売等に係る引渡
　　　　し時の価額等（その販売若しくは譲渡をした資産の引渡しの時
　　　　における価額又はその提供をした役務につき通常得べき対価の
　　　　額に相当する金額をいう。）と、当該自己発行ポイント等に係る
　　　　ポイント等相当額とに合理的に割り振る。

　基本通達2-1-1の7を適用しない場合、基本通達9-7-2において（金品
引換券付販売に要する費用）について規定しているが、ポイント制度は金
品引換券付販売に該当すると考えられるがポイントを付与した時点では損
金としては認められず、ポイント行使の時点で損金として認められる。

**（参考）基本通達9-7-2**
　法人が商品等の金品引換券付販売により金品引換券と引換えに金銭又は
物品を交付することとしている場合（2-1-1の7（略）の適用を受ける場合
を除く。）には、その金銭又は物品の代価に相当する額は、その引き換えた
日の属する事業年度の損金の額に算入する。

　ただし、金品引換券（ポイント）が、直ちに金銭又は物品等と引き換え
ることができる場合は、基本通達9-7-3において、金品引換費用の未払金
の計上が認められている。認められているのは、呈示があれば金銭又は物
品を引き換える金品引換券に限られている。一種の確定債務と考えられる
からである。顧客の商品再購入を条件とする値引券は対象外である。

> **（参考）基本通達9-7-3**
>
> 　法人が商品等の金品引換券付販売をした場合において、その金品引換券が販売価額又は販売数量に応ずる点数等で表示されており、かつ、たとえ１枚の呈示があっても金銭又は物品と引き換えることとしているものであるとき（略）は、9-7-2にかかわらず、次の算式により計算した金額をその販売の日の属する事業年度において損金経理により未払金に計上することができる。
>
> 　　（算式）　　１枚又は１点について交付する金銭の額×その事業年度において発行した枚数又は点数

## イ．自己発行ポイント等の付与に係る収益の帰属の時期

　自己発行ポイントに、将来の値引き等に取引価格の一部又は全部を配分し、前受けとした額は、失効すると見積もられる自己発行ポイントも勘案して、その値引き等をする日（顧客が権利を行使する日）の事業年度の益金に算入する。しかし、その自己発行ポイント付与の日から10年が経過した日、10年経過前に次の事実（基通2-1-39の３）が生じた日に行使されずに前受けに残っている部分（非行使部分）はその事業年度末の収益に算入する。

　10年経過日等については、既に述べた商品引換券等の非行使部分の収益の帰属時期（基通2-1-39）及び非行使部分に係る収益の帰属の時期（基通2-1-39の２）に共通する要件である。

　非行使部分の見積りについての基本通達2-1-39の２（注）１は、新会計基準の見積方法に対応して、合理的な方法により見積もるとしている。

> **（参考）基本通達2-1-39の３　（新設）**
>
> 　法人が2-1-1の７の取扱いを適用する場合には、前受けとした額は、将来の資産の販売等に際して値引き等（自己発行ポイント等に係る将来の資産の販売等を他の者が行うこととなっている場合における当該自己発行ポイント等と引換えにする金銭の支払を含む。（略））をするに応じて、その

失効をすると見積もられる自己発行ポイント等も勘案して、その値引き等をする日の属する事業年度の益金の額に算入するのであるが、その自己発行ポイント等の付与の日（略）から10年が経過した日（同日前に次に掲げる事実が生じた場合には、当該事実が生じた日）の属する事業年度終了の時において行使されずに未計上となっている自己発行ポイント等がある場合には、当該自己発行ポイント等に係る前受けの額を当該事業年度の益金の額に算入する。

(1) 法人が付与した自己発行ポイント等をその付与に係る事業年度ごとに区分して管理しないこと又は管理しなくなったこと。

(2) その自己発行ポイント等の有効期限が到来すること。

(3) 法人が継続して収益計上を行うこととしている基準に達したこと。

(注)1 本文の失効をすると見積もられる自己発行ポイント等の勘案を行う場合には、過去における失効の実績を基礎とする等合理的な方法により見積もられたものであること及びその算定の根拠となる書類が保存されていることを要する。

2 例えば、付与日から一定年数が経過したこと、自己発行ポイント等の付与総数に占める未行使の数の割合が一定割合になったことその他の合理的に定められた基準のうち法人が予め定めたもの（会計処理方針その他のものによって明らかとなっているものに限る。）が上記(3)の基準に該当する。

---

**【事例】 自社ポイントの付与** （国税庁HPより編集）

・家電量販店を展開するA社はポイント制度を運営している。A社は、顧客の100円（税込）の購入につき10ポイントを付与する（ただし、ポイント使用部分については、ポイントは付与されない）。

・顧客は、1ポイントを当該家電量販店グループの1円の商品と交換することができる。

・X1年度にA社は顧客に10,800円（税込）の商品を販売し、1,080ポイントを付与した（ポイント消化率100％と仮定）。

・A社は当該ポイントを顧客に付与する重要な権利と認識している。

・顧客は当初付与されたポイントについて認識しない。

・消費税率 8 ％とする。


【会計処理】

・商品販売の履行義務とポイント付与の履行義務に取引価格10,000円（税抜）を配分する。

商品の独立販売価格　10,000円　ポイントの独立販売価格　1,080円

商品　$10,000 \times 10,000 \div (10,000 + 1,080) = 9,025$円

ポイント　$10,000 \times 1,080 \div (10,000 + 1,080) = 975$円


（金額単位：円）

| | 会　計 | 法人税の取扱い | 消費税の取扱い |
|---|---|---|---|
| 商品の売買時 | **売手**<br>現金　　　10,800／売上　　　　9,025<br>　　　　　　　　　／契約負債　　　　975<br>　　　　　　　　　／仮受消費税　　　800<br><br>**買手**<br>仕入　　　10,000／現金　　　10,800<br>仮払消費税　　800／ | 同左<br><br><br><br><br>同左 | **売手**<br>課税売上の対価　　10,000<br>消費税　　　　　　　　800<br><br>**買手**<br>課税仕入の対価　　10,000<br>消費税　　　　　　　　800 |
| ポイント使用時 | **売手**（1,080円の商品売買時に1,080ポイントが使用された場合）<br>契約負債　　975／売上　　　　975<br><br><br><br><br><br><br>**買手**（税込1,080円の商品売買時に1,080ポイントを使用した場合）<br>・処理なし<br>又は<br>・商品　　　1,080／仕入値引　　1,080 | 同左<br><br><br><br><br><br><br><br>同左 | **売手**<br>課税売上の対価　　　1,000<br>消費税　　　　　　　　80<br>対価の返還等（ポイント分）<br>　　　　　　　　　△1,000<br>返還消費税　　　　△80<br>差し引き消費税額　　　0<br>**買手**<br>課税仕入の対価　　　1,000<br>消費税　　　　　　　　80<br>対価の返還等（ポイント分）<br>　　　　　　　　　△1,000<br>返還消費税　　　　△80<br>差引消費税額　　　　　0 |

第 3 章
新会計基準に対応する改正基本通達

## 12 返金不要の顧客からの支払いの収益の計上時期

### 新会計基準

　企業が契約開始日又はその前後に、顧客から返金不要の支払いを受ける契約がある。例えば、各種クラブの入会金、スポーツクラブ会員契約の入会手数料、電気通信契約の加入手数料、その他供給契約の当初手数料等である。

　企業は、当該支払いを受け取った時点で、各契約を分析し、収益を認識するかどうかを決定する。当該支払いが約束した財又はサービスの移転を生じさせるものか、あるいは将来の財又はサービスの移転に対するものかどうかを判断する（指針57項）。

　返金不要の支払いが、支払い時の約束した財又はサービスの移転に関連していない場合には、受取時に収益を認識するのではなく、将来、財又はサービスを移転した時点で（又は提供するにつれて）収益を認識する。

　ただし、企業が顧客に契約更新のオプションを付しており、そのオプションが重要な権利を顧客に提供している場合には、収益認識期間は当初の契約期間を超えて延長される（指針58項）。

　顧客からの支払いが、約束した財又はサービスの移転を生じさせるものである場合は、当該財又はサービスの移転を独立した履行義務として処理するかどうかを判断する（指針59項）。例えば、会員登録のための事務手数料であれば、登録事務のサービスを提供する履行義務の対価であるから、入金時に収益を計上する。

　財又はサービスを提供するために必要な活動（契約締結活動、例えば契約のセットアップに関する活動）又は契約管理活動で発生するコストの一部に充当するため、返金が不要な支払いを顧客に要求する場合がある。当該活動が契約の履行義務ではない場合は（契約を履行するための活動）（指針4項）、支払いを受けた時点で収益を認識する。

**197**

## 【事例】

・A社はスポーツジムを経営している。スポーツジムは会員登録者だけでなく一般の外来者も使用できるが、会員登録した利用者には一般外来の利用者より安い価格で利用料金を定めている。

・入会金は10万円（100千円）であり、ジムの利用料は一回につき一般外来利用者が5千円のところ、会員は3千円となっている。

・会員の契約期間は2年間である。

・会員の2年間の平均利用回数は平均150回と見込んでいる。

・会員権の独立販売価格は100千円とする。

・入会金は会員資格を提供する履行義務と会員期間にわたってジムの使用を非会員より低い価格で提供する履行義務の2つに関連する対価である。

## 【会計処理】

A社が入会金100千円を受領した時の会計処理

・非会員より低い価格で利用できるオプションは、顧客に重要な権利を与える。したがって、オプションから履行義務が生じるので契約負債を認識する。

・100千円は、会員資格を提供する履行義務と会員期間にわたってジムの使用を非会員より低い価格で提供する履行義務に配分される。

    ① 会員権（利用権）の独立販売価格 100千円

    ② 非会員より低い価格のサービス提供価格

      （5千円 − 3千円）×150回＝300千円

・入会金対価100千円の配分（金額単位：千円）

    ①に対する配分額：$100 \times 100 \div (100 + 300) = 25$

    ②に対する配分額：$100 \times 300 \div (100 + 300) = 75$

    会員資格を提供する履行義務は入会時点で履行義務が充足されるので、25千円は入会時に収益を認識し、75千円は会員より低い価格で利用する権利を行使したつど、または中途で脱会した時点で収益を認識する。

第 3 章
新会計基準に対応する改正基本通達

（仕訳）　現金預金　　100／入会金収入　　25
　　　　　　　　　　　　　／繰延収益　　　　75（契約負債）

　従来の日本基準では、返金義務のない入会金等に係る収益認識に関する一般的な定めはなかった。入金時に一括して収益を認識する処理や、契約期間にわたって配分し収益を認識する実務が見られる。
　・多くの実務に見られるように、一括して入会金100千円を収益として認識する（金額単位：千円）。
　（仕訳）　現金預金　　100／入会金収入　　100

**税法の対応**

　税法上も従来は、入会金や加入手数料の収益の計上時期について定めがなかったが、返還義務がないことが確定した時点で、益金に算入すると考えられた。
　新会計基準に対応して、基本通達が新設された。

**（基本通達2-1-40の2 ⇨ 返金不要の支払いの帰属の時期）新設**

　資産等の販売取引を開始するに際して、相手方からの中途解約のいかんにかかわらず、取引開始当初からの返金が不要な支払いを受ける場合には、原則として受領日が属する事業年度の益金に算入するが、返金不要な支払いが、契約の特定期間における役務の提供ごとに、具体的な対応関係をもって発生する対価の前受けと認められる場合は、その期間に応じて収益の額を益金に算入することができるとしている。
　返金が不要な支払いの例として、以下のようなものが例示されている。
　①　工業所有権等の実施権の設定の対価として受ける一時金
　②　ノウハウの設定契約に際して受ける一時金又は頭金
　③　技術役務の提供に係る契約に関連して着手費用に充当する支度金等
　④　スポーツクラブの会員契約に際して受ける入会金

199

**(参考) 基本通達2-1-40の2**

　法人が、資産の販売等に係る取引を開始するに際して、相手方から中途解約のいかんにかかわらず取引の開始当初から返金が不要な支払を受ける場合には、原則としてその取引の開始の日の属する事業年度の益金の額に算入する。ただし、当該返金が不要な支払が、契約の特定期間における役務の提供ごとに、それと具体的な対応関係をもって発生する対価の前受けと認められる場合において、その支払を当該役務の提供の対価として、継続して当該特定期間の経過に応じてその収益の額を益金の額に算入しているときは、これを認める。

　　(注)　本文の「返金が不要な支払」には、例えば、次のようなものが該当する。

　　⑴　工業所有権等の実施権の設定の対価として支払を受ける一時金

　　⑵　ノウハウの設定契約に際して支払を受ける一時金又は頭金

　　⑶　技術役務の提供に係る契約に関連してその着手費用に充当する目的で相手方から収受する仕度金、着手金等のうち、後日精算して剰余金があれば返還することとなっているもの以外のもの

　　⑷　スポーツクラブの会員契約に際して支払を受ける入会金

# 第 6 節

## その他の実務上の対応

　企業は、会計基準と法人税法の取扱いが一致したとしても、従来の企業体制で、監査、税務調査、決算・税務申告に対応していけるのであろうか。

　新会計基準は見積りにあふれた会計であり、収益の見積りや取引価格の按分等確定数値を捉えにくいところが特徴である。個々の判断というよりもいかなるルールの下にそれらの見積りが生じたかが重要になる。

＊　　　　　　　　　＊

企業の実務対応としては、次のような点に留意すべきである。

① 　収益認識に関する社内ルールを制定しマニュアル化する。

② 　契約締結、契約に係る取引の把握、経理・税務担当部署への情報提供といった社内の組織を構築する。

　　 営業部署から契約内容の確認、取引内容の確認が必要で、それらを経理処理する部署へ情報として伝達するための文書化を含めた組織が確立されている必要がある。

③ 　見積過程、見積りの数値その他収益認識ルールの信頼性を確保するため、内部統制の整備が必要である。

④ 　顧客との取引に必要な契約書を作成する必要がある場合は、関連する契約書を新会計基準の要件に合わせて、不備がないように整備する。例えば、工事契約における中途解約の場合の対価の取扱いや、製造業者が販売店等と取り交わす販売条件契約等。

## ■著者紹介

**山本 史枝**(やまもと・ふみえ)公認会計士

1965年に横浜国立大学経済学部卒業。

プライス・ウォーターハウス(現 PwC あらた有限責任監査法人)勤務。

1971年から1987年まで TAC 株式会社において、公認会計士2次・3次試験の講師として活躍。協和監査法人において1997年から2011年まで代表社員として監査実務に従事。また、2006年から2011年まで税理士法人協和会計事務所代表社員として税務に従事。

2001年から建設産業経理研究所(現 建設産業経理研究機構)上場建設企業決算分析研究会委員、その他、日本公認会計士協会の監査委員会、会計委員会、建設業専門委員会などの委員を歴任。現在、公認会計士山本史枝事務所所長、協和監査法人顧問、監査審査員を務める。

【主な著書】

『実務直結ワーク・シートを利用した退職給付会計(CD-ROM 付)』(清文社)2001

『工事契約会計』(清文社、共著)2008

『新版 建設業 JV の実務 - 会計・税務と法務』(清文社、共著)2013

『中小建設業のための"管理会計読本"』(清文社、共著)2017

『取引事例にみる新たな収益認識基準—実務対応』(清文社)2017

『例解 新収益認識基準の会計・税務』(清文社)2018

　※その他、専門誌上での論文多数

奇跡の通達改正─収益認識に関する会計基準への税務対応

2019年1月15日　発行

著　者　　山本　史枝 ⓒ

発行者　　小泉　定裕

発行所　　株式会社 清文社

東京都千代田区内神田1－6－6（MIF ビル）
〒101-0047　電話03（6273）7946　FAX03（3518）0299
大阪市北区天神橋2丁目北2－6（大和南森町ビル）
〒530-0041　電話06（6135）4050　FAX06（6135）4059
URL http://www.skattsei.co.jp/

印刷：奥村印刷㈱

■著作権法により無断複写複製は禁止されています。落丁本・乱丁本はお取り替えします。
■本書の内容に関するお問い合わせは編集部までFAX（03-3518-8864）でお願いします。
■本書の追録情報等は、当社ホームページ（http://www.skattsei.co.jp/）をご覧ください。

ISBN978-4-433-61268-9